Johanna Handschmann

Gemüse *milchsauer* eingelegt

Gesund mit Sauerkraut & Co.

immunstärkend ✓
verdauungsfördernd ✓
entzündungshemmend ✓

Bassermann

Inhalt

Grundlagen der Milchsäuregärung

Das Haltbarmachen von Gemüse durch milchsaure Gärung zählt zu den ältesten Konservierungsmethoden. In vielen Ländern sind milchsauer eingelegte Gemüse Bestandteile der regionalen Küchen: In Deutschland und dem Elsass schätzt man das Sauerkraut, die Koreaner lieben ihre Sauerkohlvariante »Kimchi« und in den Mittelmeerländern sind Oliven eine wichtige Ernährungsgrundlage. Ganz zu schweigen von den eingelegten Salzgurken in Polen und Russland.

Verantwortlich für die Konservierung sind lebende Milchsäurebakterien, die sich von Natur aus auf dem Gemüse befinden. Sie ermöglichen die Haltbarmachung des Lebensmittels, verstärken das Aroma der verschiedenen Gemüsearten und erhöhen deren Gesundheitswert, indem sie ihren Vitamin- und Enzymgehalt stabilisieren. Gleichzeitig schleusen die Milchsäurebakterien verschiedene verdauungsfördernde und entzündungshemmende Wirkstoffe in den Darm.

Eigentlich kein Geheimtipp

Die Milchsäuregärung ist völlig unkompliziert und preiswert. Sie macht wenig Arbeit und bringt dabei viele gesundheitliche Vorteile. Eigentlich ist sie gar kein Geheimnis, doch ist ihr wahrer Nutzen viel zu wenig bekannt.

Dieses Buch soll zeigen, wie leicht Sie dieses Naturphänomen für sich nutzen können. Die Rezepte sind einfach und gut nachvollziehbar. Milchsauer vergorene Gemüse bringen Ihnen neben dem gesundheitlichen Nutzen auch noch einen Zeitgewinn, zum Beispiel bei der Zubereitung von Frischkost und Salaten. Zudem sind die Produkte lange haltbar.

Die Milchsäuregärung konserviert das Gemüse. Zudem verändert es dessen Geruch und Geschmack und steigert zugleich seinen Gesundheitswert.

Geschichte und Tradition

Schon seit dem Altertum ist die Milchsäuregärung von Gemüse bekannt. Ihr Ursprung lässt sich bis auf einige tausend Jahre v. Chr. im Orient und im südlichen Europa zurückführen. Schon der griechische Arzt Hippokrates nutzte die positiven Wirkungen von eingesäuertem Weißkohl. Die Römer kannten Weißkohl als »vergorenen Salzkohl«, dessen Herstellung von Plinius erstmalig niedergeschrieben wurde. Mit dem kulturellen Einfluss der Römer gelangte diese Haltbarmachungsmethode auch in die nördlichen Länder und das restliche Europa.
Unsere Vorfahren konservierten nicht nur Weißkohl zu Sauerkraut. Auch anderes Gemüse wurde milchsauer vergoren, um die Vitaminversorgung im Winter zu sichern. Aufgrund moderner Kühlmöglichkeiten, vor allem der Tiefkühlung, geriet das natürliche Konservierungsverfahren in den letzten 50 Jahren etwas in Vergessenheit. Nun gilt es, das Sauergemüse neu zu entdecken, um die Vorteile der Milchsäuregärung zu nutzen.

Einfacher Naturprozess

Die Milchsäuregärung ist ein natürlicher Vorgang, der spontan einsetzt, wenn man Gemüse durch Salzen Wasser entzieht und dadurch den Sauerstoff aus der Umgebung verdrängt; beim Sauerkraut wird dies durch Stampfen des Weißkohls beschleunigt. In diesem feuchten, sauerstofffreien Klima fangen Milchsäurebakterien (Laktobazillen) an zu wachsen. Die Energie für ihre Stoffwechselaktivität gewinnen sie durch Umwandlung der gemüseeigenen Kohlenhydrate (Zucker) in Milchsäure. Dadurch wird das Lebensmittel sauer, der pH-Wert sinkt, und in diesem sauren Milieu (pH 4,1) können sauerstoffabhängige Krankheitskeime und Verderbniserreger nicht mehr wachsen.
Neben Milchsäure entstehen bei der Gärung auch noch Kohlensäure, Aromastoffe und geringe Mengen Alkohol.

Bei der Milchsäuregärung nehmen die Laktobazillen den Kampf gegen Fäulnis bildende Bakterien und Schimmelpilze auf. Wenn sich die Milchsäurebakterien schnell vermehren, tötet die entstehende Säure die unerwünschten Bakterien und Pilze ab. Eine geniale, einfache und preiswerte Konservierungsmethode.

Auf Grund der probiotischen – gesundheitsfördernden – Wirkung von Milchsäurebakterien machen immer mehr Menschen ihren Joghurt selbst.

Gutes für unsere Gesundheit

Erzeugnisse mit Milchsäurebakterien sind gesundheitsfördernd, besonders wenn sie nicht erhitzt sind und lebende Milchsäurebakterien enthalten. Sie können positiv auf den Darm wirken, Verstopfung und Durchfall verhindern, zu einem Aufbau der Darmflora, zum Beispiel nach einer Antibiotikatherapie, führen und die Abwehrkräfte verbessern. Diskutiert wird noch, ob sie sogar Virus- und Pilzinfektionen (zum Beispiel im Magen-, Darm- und Vaginalbereich) vorbeugen und die Entstehung von Tumoren im Dickdarm hemmen können.

Wie wirken Milchsäurebakterien?

Langzeitstudien weisen nach, dass der regelmäßige Verzehr von lebenden Milchsäurebakterien in Gemüse oder Joghurt einen messbaren Einfluss auf das Immunsystem ausübt. Bei regelmäßigem Verzehr reagiert das Immunsystem mit der Produktion von Abwehrstoffen. Gleichzeitig werden wichtige Zellbotenstoffe, wie zum Beispiel das Interferon, aktiviert.

Rechts- und linksdrehende Milchsäure

Etwas Wissenschaft in kurzen Sätzen: Die Bezeichnung rechts- oder linksdrehend beschreibt eine physikalische Eigenschaft. Wird Milchsäure im Labor mit linear polarisiertem Licht bestrahlt, dreht sie dieses entweder nach rechts (+) oder nach links (-).

Es gibt viele Arten von Milchsäurebakterien, die sich auch dadurch unterscheiden, welche Form der Milchsäure sie bilden: entweder die für den menschlichen Organismus besonders wertvolle rechtsdrehende L(+)-Milchsäure oder die linksdrehende D(–)-Milchsäure. Die rechtsdrehende Form wird vom Körper direkt und schnell abgebaut, während er die linksdrehende Form nicht direkt verstoffwechseln kann.

Probiotika

Seit Generationen ernähren sich ganze Völker mit milchsauer vergorenen Lebensmitteln. Sie decken damit ihren Bedarf an lebenswichtigen Vitaminen, Mineralstoffen, Spurenelementen und fördern gleichzeitig eine gesunde Darmflora. Diese spielt für das Wohlbefinden der Menschen eine große Rolle.

Lebensfreundliche Mikroorganismen

Unter den Milliarden Bakterien, die den Dickdarm besiedeln, herrscht ein ewiger Kampf ums Überleben. Dabei ist das Gleichgewicht zwischen den »guten« Milchsäurebakterien und anderen, »bösen«, krankheitserregenden Mikroorganismen sehr labil. Seit einigen Jahren befassen sich weltweit viele Forschungsprojekte mit der Frage, wie man durch Ernährung die Darmflora gesund erhält. Dabei geht es um den Einsatz von Probiotika. Diese können dazu beitragen, das Gleichgewicht der Darmflora durch die Zufuhr von lebenden Keimen im positiven Sinne zu verändern. Vor allem die Milchindustrie begann, mit probiotischem Joghurt das Interesse gesundheitsbewusster Verbraucher

Der Begriff Probiotika lehnt sich an die griechische Sprache an und bedeutet »für das Leben«. Er entstand in den 60er Jahren und wird heute im Sinne von Gesundheitsförderung – und damit Krankheitsverhinderung – genutzt. Als Probiotika werden solche Produkte bezeichnet, deren Milchsäurebakterien lebend in den menschlichen Darm gelangen und dort ihre gesundheitsfördernden Wirkungen entfalten können.

Nicht nur in Bayern das bekannteste und beliebteste unter den Sauergemüsen: das Sauerkraut.

zu wecken. Die Milchsäurebakterien im Gemüse haben ähnliche Wirkung wie die probiotischen Joghurtbakterien: Sie verhindern Fäulnis im Darm, halten das Immunsystem in Schwung, steigern die natürlichen Darmbewegungen, bauen die Darmflora auf und fördern die Ansiedlung positiver Darmbakterien.

Probiotische Milchsäurebakterien sollten regelmäßig zugeführt werden, damit sie auch kontinuierlich ihre Wirkung entfalten können. Sie wirken optimal bei gleichzeitig ausreichender Aufnahme von Ballaststoffen, die im Gemüse reichlich enthalten sind. Alles spricht daher für den häufigen Verzehr von milchsaurem Gemüse, besonders dann, wenn es roh gegessen wird und die Milchsäurebakterien den Darm lebend erreichen.

Neueste medizinische Forschungen zeigen, dass ein gesunder, funktionierender Darm als Schlüssel für die Gesundheit des Körpers gilt. Die probiotischen Milchsäurebakterien unterstützen diesen Wirkungsmechanismus.

Wirkungsweise probiotischer Bakterien

- Fördern die Verdauung, vor allem bei Milchzuckerunverträglichkeit (Laktoseintoleranz)
- Wirken positiv auf das Immunsystem
- Helfen bei der Bildung von körpereigenen Vitaminen
- Helfen, Kalzium und Spurenelemente aus der Nahrung besser ins Blut aufzunehmen
- Senken den Cholesterinspiegel im Blut
- Fördern den Aufbau der Darmflora nach Antibiotikatherapie, Chemotherapie und Bestrahlung
- Unterdrücken das Wachstum von krank machenden Keimen im Darm und schützen vor Magen-Darm-Infektionen
- Regulieren die Verdauung auf sanfte Weise
- Verhindern die Bildung von schädlichen Bakterien in Stress-Situationen
- Wirken vorbeugend gegen Darmkrebs und andere Erkrankungen

Milchzucker – Wissenschaftler nennen ihn Laktose – wird von Milchsäurebakterien bevorzugt abgebaut. Damit erhöhen sie ihre Stoffwechselaktivität und lassen die Gärung von Anfang an auf Hochtouren laufen. Im menschlichen Körper wird Milchzucker so langsam verdaut, dass er bis in den Dickdarm gelangt.

Prebiotika

Probiotische Milchsäurebakterien benötigen für ihre optimale Entwicklung im Darm bestimmte unverdauliche Nahrungsbestandteile. Die Wissenschaft nennt solche Substanzen Prebiotika. Es handelt sich dabei um langkettige Kohlenhydrate, die Fruktooligosaccharide. Dazu zählt z. B. das aus vielen Molekülen Fruktose bestehende Inulin und seine kürzere Variante Oligofruktose. Gute Quellen für Inulin sind die Wurzeln der Zichorie (Chicorée) sowie Knoblauch, Weizen und Porree.

Resistente Stärke

Mit diesem Begriff bezeichnet man jenen Teil der Stärke aus Kartoffeln, Brot, Nudeln oder Hülsenfrüchten, der ohne Schaden den Dünndarm passiert und deshalb im Dickdarm noch als Futter für probiotische Milchsäurebakterien dienen kann. Resistente Stärke entsteht unter anderem, wenn kohlenhydratreiche Speisen nach dem Kochen auf unter 50 °C abkühlen. Diese »verkleisterte« Stärke findet sich also z. B. in aufgewärmten Nudelaufläufen, in Kartoffelsalaten, in Gerichten mit gebratenem Reis und vielen anderen mehr. Doch auch grobe Partikel von Getreide und Hülsenfrüchten, welche den Dickdarm unversehrt erreichen, werden dazu gezählt.

Wirkungsweise prebiotischer Ballaststoffe

- Füllen den Magen und sättigen, sind kalorienarm
- Sind »Futter« für wichtige Teile der Darmflora
- Verkürzen die Verweilzeit schädlicher Stoffe im Darm
- Fördern die Stuhlbildung
- Helfen gegen Verstopfung
- Helfen, das Körpergewicht stabil zu halten
- Regulieren den Blutzuckerspiegel

Die positiven Eigenschaften der Milchsäurebakterien können sich nur dann auswirken, wenn diese immer wieder im lebenden Zustand den Darm erreichen. Ihre Lebensdauer beträgt nämlich nur einige Stunden oder Tage. Essen Sie daher jeden Tag Speisen mit probiotischen Milchsäurebakterien. Am besten in Kombination mit stärkereichen Beilagen. Zum Beispiel als Reissalat mit süßsaurem Gemüse.

Die Vorteile der milchsauren Gärung

Dieses uralte Verfahren, Lebensmittel haltbar zu machen, erfordert weder Strom noch chemische Zusatzstoffe. Es vertraut einfach auf die Natur.

Grundsätzlich lassen sich alle Gemüsearten milchsauer vergären, am besten gelingen jedoch jene, die von fester Struktur sind. Man benötigt dazu lediglich Salz, Wasser und Gewürze.
Aus ökologischer Sicht ist das Verfahren ebenfalls sehr interessant, da es sowohl bei der Herstellung als auch bei der Lagerung keinerlei zusätzliche Energie benötigt. Die Gärung läuft bei Zimmertemperatur ab, weshalb auch wärmeempfindliche Vitamine voll erhalten bleiben. Der Gehalt mancher Vitamine, etwa Vitamin C, wird durch den Gärprozess sogar noch erhöht.

Leicht verdaulich

Sauergemüse enthält die Wirkstoffe roher Gemüse. Die Gärung lockert das Zellgewebe und spaltet Eiweißverbindungen zum Teil auf. Dadurch ist das fertige Produkt oft leichter verdaulich und wird in der Regel auch von empfindlichen Personen besser vertragen als das rohe Gemüse oder die gekochte Variante.

Sauergemüse unterstützt die Funktion der Magensäfte. Zudem regeneriert und stabilisiert es die Darmflora, was besonders nach der Anwendung von Antibiotika wichtig ist.

Milchsäuregärung im Überblick

Die Auslöser: Milchsäurebakterien
Wissenschaftlicher Name: Laktobazillen
Vorkommen: Menschen, Tiere, Pflanzen, Milch

Was machen Milchsäurebakterien?

Milchsäurebakterien ernähren sich von Kohlenhydraten, dabei entsteht Milchsäure.
Beispiel Milch: Der Milchzucker wird durch die Milchsäurebakterien abgebaut.

- Die entstehende Milchsäure gibt der Milch einen neuen frischen angenehm säuerlichen Geschmack.
- Außerdem verändert die Säure die Struktur der Eiweiße. Sie verdichten sich und aus der flüssigen Milch wird Dickmilch oder Joghurt.
- Und die Säure sorgt auch dafür, dass das Lebensmittel nicht so schnell von säureempfindlichen Verderbniserregern verdorben wird.

Beispiel Gemüse: Das klein geschnittene Gemüse gibt seine Kohlenhydrate an das Wasser ab. Die Milchsäurebakterien, die sich auf dem Gemüse befinden, zersetzen die Kohlenhydrate, es entsteht Milchsäure und das Gas Kohlendioxid. Zu sehen an den kleinen Bläschen.

- Die Säure gibt dem Lebensmittel den angenehm säuerlichen Geschmack.
- Sie schützt vor Verderbnis.

Warum sind Sauerkraut und Co. so gesund?

- Im Darm von Mensch und Tier ist eine Vielzahl von Bakterien zu finden: Bakterien, die gut und wichtig für die Gesundheit sind, aber auch solche, die krank machen können. Je mehr »gute« Bakterien im Darm sind, desto schwerer haben es unerwünschte Bakterien, sich dort anzusiedeln.
- Unsere körpereigenen Milchsäurebakterien schützen uns zum Beispiel durch die entsehende Säure vor Ansiedlung unerwünschter Darmbewohner.
- Milchsauer vergorene Lebensmittel unterstützen unsere Darmflora, sie wirken entzündungshemmend und sowohl bei Verstopfung als auch bei Durchfall regulierend.
- Eine gesunde Darmflora unterstützt durch Bildung wichtiger Enzyme die Verdauung.
- Eine intakte Darmflora nährt unseren ganzen Körper. Daher kann eine geschädigte Darmflora zu Mangelerkrankungen führen.
- Eine gesunde Darmflora sorgt für ein intaktes Immunsystem.

Mit milchsaurem Gemüse im Vorrat können Sie jederzeit ohne großen Aufwand raffinierte Salat- oder Gemüsegerichte servieren.

Milchsaures Gemüse selbst herstellen

Die gekauften milchsauren Gemüse bringen nur dann die gewünschte ernährungsphysiologische Wirkung, wenn sie unerhitzt sind. Leider kann man bei uns nur Sauerkraut als rohes, milchsauer vergorenes Produkt kaufen. Alle anderen Sauergemüse werden pasteurisiert in Gläsern angeboten. Da beim Erhitzen auch die Milchsäurebakterien inaktiviert werden, haben diese Gemüsezubereitungen nicht die gleichen positiven Wirkungen wie die frischen milchsauer vergorenen Gemüse.
Milchsaures Gemüse können Sie zu Hause mit wenig Mühe selbst herstellen. Sie brauchen dafür nicht mehr Zeit als für die Zubereitung eines frischen Salates, haben aber mit dem gleichen Arbeitsaufwand Beilagen für mehrere Mahlzeiten. Besonders praktisch ist, dass sich die pikant-säuerlichen Gemüse mit anderen frischen Salatzutaten sehr gut kombinieren lassen.

So wird es gemacht

Lesen Sie sich die folgenden Anmerkungen vor dem ersten Zubereiten in Ruhe durch, dann fühlen Sie sich sofort sicher.

Die Milchsäuregärung macht Gemüse leichter verdaulich. Die bei manchen Kohlsorten feste Faserstruktur wird weicher. Trotzdem ist das Gemüse roh und hat noch alle Vitamine, Mineralstoffe und Enzyme.

Die richtigen Handgriffe

Als Erstes muss das Gemüse gründlich geputzt werden. Es folgt das Zerkleinern, das je nach Art fein oder weniger fein ausfällt: Gemüsearten mit harter Struktur, wie zum Beispiel Weißkohl, muss man sehr fein schneiden oder hobeln, damit der Saft leichter austreten kann. Weiche, saftige Gemüse, wie Zucchini, lässt man in größeren Stücken, damit sie nach der Gärung nicht zerfallen. Anschließend wird das zerkleinerte Gemüse mit etwas Salz gemischt, damit es Saft ziehen kann. Inzwischen verrührt man für die Lake (Gärflüssigkeit) lauwarmes Wasser (möglichst kalkfrei) mit Salz. Zum Einfüllen benötigt man heiß ausgespülte Gläser mit Schraub- oder Klappdeckel. Ideal für größere Mengen sind Steinguttöpfe. Man füllt das Gemüse ein und gibt Gewürze dazu. Nun gießt man bei kleinen Gläsern die Lake über das Gemüse und drückt es mit einem Holzstampfer oder einem festen Löffel gründlich in das Gefäß. Beim Befüllen großer Gläser oder Tontöpfe gibt man die Lake lagenweise zu. Sie müssen dabei unbedingt darauf achten, dass die Flüssigkeit das Gemüse vollständig bedeckt. Allerdings sollen die Gläser nur so hoch befüllt werden, dass unter dem Rand ein Gärraum von etwa 3 bis 5 Zentimetern frei bleibt, damit bei der Gärung nicht zu viel Flüssigkeit aus den Gefäßen austritt. Bei der Gärung wird das Gemüse nach oben gedrückt. Um zu verhindern, dass es dabei nicht mehr mit Lake bedeckt ist, sollte es mit einem Abstandshalter (siehe Seite 15) nach unten gedrückt werden. Die Gläser schnell verschließen und auf ein wasserfestes Tablett stellen, da beim Gären etwas Flüssigkeit austreten kann. Nun kann die Gärung bei Zimmertemperatur – niemals im Kühlschrank! – anlaufen.

Das bei der Gärung entstehende Gas (Kohlendioxid) bewirkt, dass sich innerhalb der Gläser Druck aufbaut. Dadurch kann etwas Flüssigkeit aus den Gefäßen austreten. Um den Druck abzubauen, darf man die Gläser für ganz kurze Zeit öffnen – es macht einen hörbaren »Blubb« – und verschließt sie dann sofort wieder, damit kein Sauerstoff eintreten kann.

Zusehen, wie es gärt

Die Gärung beginnt normalerweise schon nach wenigen Stunden. Man erkennt dies an der Trübung der Flüssigkeit und an der Bläschenbildung. Die Hauptgärung dauert, je nach Gemüseart, Reifezustand der Ausgangsware und Umgebungstemperatur, vier bis zwölf Tage. Nach ein bis zwei Tagen sollte man den Deckel einmal vorsichtig öffnen, um den Druck abzulassen. Die Hauptgärung ist zu Ende, wenn keine Bläschen mehr zu sehen sind und sich die Flüssigkeit wieder klärt. Jetzt können die Gemüse nachgären, wobei das Aroma weiter abgerundet wird. Die milchsauer vergorenen Gemüse anschließend an einem kühlen Ort, z. B. im Kühlschrank oder Keller, aufbewahren.

Achtung vor Verderb!

Verwenden Sie nur einwandfreies Gemüse! Es soll absolut frisch sein, damit es den optimalen Vitamingehalt liefern kann. Das Gemüse darf auch keine Faulstellen aufweisen, da durch die Fäulnisbakterien Fehlgärungen ablaufen könnten.

Bei langer Lagerung von über zwei Monaten können sich Kahmhefen bilden, die allerdings nicht schädlich sind. Diese erscheinen als weißlicher Belag an der Oberfläche und müssen regelmäßig entfernt werden, da sie dem Gärgut einen unangenehmen Geschmack geben. Außerdem verbrauchen Kahmhefen die zur Konservierung notwendige Milchsäure. Deshalb ist es wichtig, dass das vergorene Gemüse immer in der Flüssigkeit liegt. Einmal geöffnete Gläser halten sich bis zu mehreren Monaten, sofern sie nach der Entnahme sofort wieder verschlossen und im Kühlschrank aufbewahrt werden.

Das brauchen Sie

Wie schon zu Omas Zeiten müssen Sie zum Einlegen von Sauergemüse und Aufbewahren der fertigen Produkte keine speziellen Anschaffungen tätigen. Der durchschnittliche Haushalt gibt alles her, was zur Herstellung von Sauergemüse benötigt wird.

Milchsäuregärung ist völlig unkompliziert: Ein paar Gläser und einfache Geräte zum Zerkleinern sind als Ausstattung ausreichend.

Gläser, Gärtöpfe, Abstandhalter

Sammeln Sie einfach größere und kleinere Schraubdeckelgläser von Gurken oder anderen Konserven. Wenn Sie Einmachgläser mit Klappdeckel haben, so können Sie auch diese verwenden. Sie benötigen große Gläser für das Einmachgut und sehr kleine Gläser, die als Abstandhalter zwischen Gärgut und Gefäßdeckel benutzt werden. Als solche können etwa Schnapsgläser, aber auch abgeschnittene Joghurtbecher und kleine Plastiktrichter in passenden Größen dienen, allerdings müssen diese säureresistent und lebensmittelgeeignet sein. Vor der Verwendung muss natürlich alles gründlich mit heißem Wasser gereinigt werden. Zum Einlegen von größeren Gemüsemengen, wie etwa Sauerkraut, gibt es praktische Gärtöpfe: Diese haben oben eine Rille, die mit Wasser gefüllt wird, um den Zutritt von Sauerstoff zu verhindern. Das Kraut wird mit den mitgelieferten Tonsteinen beschwert, die genau in die Topfrundung passen, und mit einem Deckel verschlossen. Bei diesen Töpfen entfällt auch das früher notwendige Abwaschen der Beschwerungssteine.

Bei der Auswahl der Gläser kommt es nicht auf eine bestimmte Größe an. Sofern Sie sich an das Verhältnis der einzelnen Zutaten der Rezepte zueinander halten, kann nichts schief gehen. Kleine Gläser haben den Vorteil, dass sie auch für kleine Haushalte die Möglichkeit lassen, abwechslungsreich zu essen.

Schneidegeräte

Zum Zerkleinern des Gemüses reicht ein Messer. Für größere Mengen, etwa für Weißkohl, lohnt sich die Anschaffung von einem Gemüsehobel oder einer Küchenmaschine.

Mengen und Portionen

Für einen Zwei- bis Vierpersonenhaushalt ist es zweckmäßig, mit Gemüsemengen von 500 bis 1000 Gramm zu arbeiten. Eine solche Menge ist überschaubar und kann zügig weggegessen werden. Bei Sauerkraut lohnt es sich auch, größere Mengen einzulegen. Jedoch ist hier zu bedenken, dass das Kraut bei längerer Lagerung saurer werden kann. Sie können dies jedoch stoppen, wenn Sie das Sauerkraut einfrieren.

Starten Sie Ihre ersten Versuche mit kleinen Portionen. So können Sie die Ergebnisse schneller sehen und erkennen, ob etwas noch besser zu machen ist. Sie werden feststellen, dass die milchsaure Vergärung von Gemüse schnell und einfach geht.

Gemüse	Salzmenge
harte Gemüsesorten (Kohl, Rettich etc.)	2 %, also 20 g auf 1 kg Gemüse
weiche Gemüse (Zucchini, Gurke etc.)	3 %, also 30 g auf 1 kg Gemüse

Nur 3 Grundzutaten

Als Hauptzutat brauchen Sie **Gemüse** mit möglichst fester Struktur, wie z. B. Weißkohl, Rotkohl, Sellerie, Möhren, Fenchel, Blumenkohl, Rote Bete und Gurken. Die zweite wichtige Zutat ist **Salz**. Am besten ein unraffiniertes Salz, wie z. B. Meersalz oder natürliches Steinsalz. Die Salzmenge richtet sich nach der Art des Gemüses und idealerweise zwischen 2 % und 3 %. Dies sorgt für eine gute Fermentation und ein ausgewogenes Aroma. Die dritte Grundzutat ist **Wasser**. Es sollte möglichst kalk- und chlorfrei sein. Daher das Wasser vorher filtern oder abkochen und einige Stunden stehen lassen, bis sich der Kalk absetzt.
Zum Aromatisieren können Sie Gewürze verwenden, wie z. B. Kräuterzweige, Dill- oder Kümmelsamen, Knoblauchzehen, frische Ingwerscheiben oder frischer Meerrettich. Sollte ein Ansatz, was selten vorkommt, nicht so richtig mit der Gärung durchstarten, d. h. nicht innerhalb von 2 Tagen erste Bläschen und Trübung zeigen, können Sie durch die Zugabe von milchsäurehaltigen Produkten die Gärung etwas ankurbeln. Dafür eignen sich z. B. 1 bis 2 EL Brottrunk, Molke (beides aus dem Supermarkt oder Reformhaus) oder einige Tropfen vom rechtsdrehender Milchsäure (Apotheke). Diese Starter nicht gleich zu Beginn dazugeben, damit die Gärung natürlich starten kann.

Zeit und Temperatur

Die Konservierung von Gemüse durch milchsaures Vergären erfordert keinen großen Zeitaufwand. Um ein Kilogramm Ware einzulegen, benötigen Sie mit Vorbereitungen etwa 30 Minuten Arbeitszeit; nach etwa zwei Tagen die Gläser ganz kurz öffnen, um den Druck abzulassen. Die Gärung läuft am schnellsten bei Zimmertemperatur ab und startet am besten, wenn die Umgebungstemperatur 20 bis 25 Grad beträgt. Die Gläser sollten dabei an einem schattigen Platz stehen.

Die richtige Aufbewahrung

Nach der Gärung wird Sauergemüse dunkel und kühl, entweder im Kühlschrank oder im Keller, aufbewahrt. Wenn Sie nicht viel Stauraum haben, stellen Sie am besten immer nur kleine Mengen Sauergemüse her, wie es in diesem Buch beschrieben ist.

Fehlgärungen erkennen

In der Regel geht die Milchsäuregärung ohne Probleme vor sich, wenn Sie die in diesem Buch gegebenen Anleitungen einhalten. Das Gemüse kann höchstens einmal zu weich werden, wenn die Gärung zu lange oder zu stark abläuft. Das Gemüse ist dann trotzdem essbar und lässt sich zum Beispiel zu Salatsaucen verarbeiten. Dafür das Gemüse nach Bedarf fein pürieren und mit etwas Flüssigkeit glatt rühren. Wenn das Gärgut, was in seltenen Fällen schon einmal vorkommen kann, unangenehm riecht, sollte es nicht mehr gegessen werden und der ganze Ablauf mit einem neuen Ansatz gestartet werden.

Zu Großmutters Zeiten wurde die Sauerkrautgärung mancherorts auch in alten Weinfässern durchgeführt. Dabei war die Reinigung der Gefäße eine sehr wichtige Arbeit, um Fremdinfektionen zu vermeiden.

Fehlgärungen vorbeugen

Problem	Ursache	Tipp
Gemüse zu weich	Zu lange oder zu starke Gärung	Gärzeit etwas verkürzen (kühl stellen)
Untypischer Geruch und Geschmack	Unerwünschte Abbauvorgänge durch Fremdkeime	Auf Sauberkeit bei der Vorbereitung achten, um Fremdinfektion zu vermeiden (Geräte und Gläser mit kochend heißem Wasser spülen, Wurzelgemüse schälen, um alle Erdreste zu entfernen)

Sollten Sie einen fehlerhaften Ansatz haben, diesen nicht verzehren und auch die Flüssigkeit nicht verwenden. Starten Sie stattdessen einen neuen Versuch.

Von Rotkohl bis Sauerkraut: Kohl eignet sich in allen seinen Gattungsformen ideal für die Milchsäuregärung.

Geeignete Gemüsearten

Wie eingangs schon erwähnt, lassen sich grundsätzlich alle Gemüsearten vergären, allerdings eignen sich am besten jene, die als rohes Gemüse eine feste Struktur aufweisen. Experimentieren Sie auch einfach mit Mischungen Ihrer Wahl.

Kohlgemüse

Die Vielfalt innerhalb der botanischen Gattung Kohlgemüse ist enorm. Sie umfasst Pflanzen, von denen man entweder die Sprossachse, die Blätter oder die Blütenstände verzehren kann.

Weißkohl, Rotkohl, Wirsing & Co.

Das bekannteste milchsauer vergorene Produkt ist das Sauerkraut. Es wird aus Weißkohl hergestellt, der je nach Region auch Kappes, Weißkraut oder Kraut genannt wird. Weißkohl weist einen runden, leicht abgeplatteten, zuweilen auch zugespitzten Kopf auf und kann bis zu mehrere Kilogramm schwer werden. Botanisch gesehen ist der Kopf der gestauchte Spross der Pflanze, was man gut erkennt, wenn man ihn längs halbiert.

Neben Weißkohl ergibt auch der eng mit ihm verwandte, lilaviolett gefärbte Rotkohl, vor allem die saftigen frühen Sorten, sehr gute Sauerkonserven. Für die milchsaure Gärung eignen sich ebenso der zarte Spitzkohl oder Butterkohl sowie der würzig schmeckende Wirsing. Die Kohlsorten aus dem Winterlager sind jeweils etwas fester im Zellgefüge. Sie lassen sich jedoch auch sehr gut vergären, wenn man sie gründlich stampft. Alle Kohlarten sind äußerst ballaststoffreich und enthalten viel Vita-

Chinakohl, zu Deutsch auch Senfkohl genannt, wird in China bevorzugt milchsauer vergoren. In dieser Form ist er dort so beliebt wie bei uns das Sauerkraut.

min C und Vitamine der B-Gruppe, etwa Folsäure. Hoch ist auch ihr Gehalt an Mineralstoffen und Spurenelementen, darunter Kalium, Magnesium, Eisen und Zink. Diese Stoffe bleiben natürlich bei der milchsauren Gärung erhalten; darüber hinaus entwickeln sich jedoch noch zusätzliche Wirkstoffe: Durch die Fermentation entsteht Vitamin B 12, das einzige Vitamin der B-Gruppe, das normalerweise nicht in pflanzlicher Kost enthalten ist. Daher ist Sauerkraut für die Vegetarier, die keine oder wenig Eier essen, ein unverzichtbares Lebensmittel.

Wirkungsweise von Kohlgemüse

- Beleben Gehirn und Nerven
- Stärken die Konzentrationsfähigkeit
- Verbessern die Stimmungslage
- Aktivieren die Zellatmung und die Blutbildung
- Sorgen für Vitalität und helfen bei Schlankheitskuren
- Wirken beruhigend und entspannend
- Regen das Zellwachstum an
- Stimulieren die Farbgebung in der Haut

Der Vitamingehalt ist nur in dem frisch vergorenen Gemüse so hoch, das nicht pasteurisiert wurde. Deshalb sollte Sauerkraut nicht länger als 30 Minuten kochen, damit möglichst viele wertvolle Inhaltsstoffe erhalten bleiben. Essen Sie immer einen Teil des Sauerkrauts roh oder mischen Sie ein bis zwei Gabeln klein geschnittenes Kraut unter das fertig gekochte.

Brokkoli

Brokkoli und Blumenkohl sind eng miteinander verwandt. Beide sind sehr zart, denn es sind die Blütenstände, die hier gegessen werden, allerdings sind beim Brokkoli die Blütenknospen schon angelegt. Brokkoli ist kein neues Gemüse: Bereits die Römer brachten ihn als »wilden Kohl« aus Kleinasien mit und kultivierten ihn. Brokkoli gibt es in mehreren Sorten. Kaum ein Gemüse ist so vielseitig und pflegeleicht wie der Brokkoli: Sein feiner Geschmack passt zu fast allem und er ist schnell zubereitet. Brokkoli gehört neben dem Weiß- und Grünkohl zu den Kohlsorten, die die meisten Wirkstoffe aufweisen, und zählt zu den gesündesten Gemüsearten überhaupt. Er enthält viel Kalium, Vitamin C und Provitamin A. Brokkoli gilt als das beste Schutzgemüse für die Darmschleimhaut und wird vorbeugend gegen

Krebs empfohlen. Er wirkt entwässernd und blutdrucksenkend, stärkt die Immunkraft, das Herz sowie den Kreislauf und steuert den Kohlenhydrat- und Eiweißstoffwechsel. Des Weiteren sorgt dieses Gemüse für die Blutbildung und eine gute Sauerstoffversorgung. Regelmäßiger Verzehr von Brokkoli hilft auch bei Stress, Nervosität und Schlafstörungen.

Blumenkohl

Vom Blumenkohl essen wir den fleischig verdickten Blütenstand, dessen Knospen noch nicht angelegt sind. Seine weiße Farbe enthält er durch die großen Blätter, die ihn umhüllen und das Sonnenlicht fern halten, denn dadurch kann der grüne Pflanzenfarbstoff Chlorophyll nicht ausgebildet werden. Blumenkohl enthält nicht ganz so viele Vitamine und Mineralstoffe wie Brokkoli, hat aber trotzdem einiges zu bieten: Blumenkohl wirkt entwässernd, sättigt rasch und ist daher ideal für alle, die ohne Hungern abnehmen wollen. Blumenkohl fördert die Blutbildung, hilft beim Aufbau der Darmschleimhaut und kann so Darmkrankheiten vorbeugen. Um ihn milchsauer zu vergären, teilt man ihn in kleine Röschen.

Kohlrabi

Die Inhaltsstoffe von Kohlrabi wirken entwässernd, helfen beim Abbau von Depotfett und sind daher ideal für eine Frühjahrskur. Der Verzehr von Kohlrabi kräftigt Haut und Haare, bringt Energie und Vitalität, stärkt das Immunsystem und schützt vor Erkältungskrankheiten.

Kohlrabi gibt es in vielen Züchtungen. Verwendet werden die grünen oder blauen Knollen sowie die Herzblätter. Besonders beliebt ist der zarte Frühjahrskohlrabi, den es bereits Ende April zu kaufen gibt. Kohlrabi ist ein nährstoffreiches Gemüse: Er enthält wichtige B-Vitamine, viel Vitamin C, Eisen, Magnesium und Kalium. Der Vitamin- und Mineralstoffgehalt ist in den Blättern höher als in der Knolle. Deshalb Kohlrabi so frisch wie möglich und mit den zarten inneren Blättern verwenden. Kohlrabi hat wie auch andere Kohlsorten viele positive Wirkungen. Er kurbelt den Zellstoffwechsel und die Blutbildung an, sorgt für geistige Frische, kräftigt das Herz und beugt Arteriosklerose vor.

Wurzelgemüse

Möhren, Wurzelpetersilie und Pastinaken sind botanisch miteinander verwandt und werden in der Küche ähnlich verwendet. Das Fruchtfleisch von Wurzelgemüse enthält Zucker und Stärke und ist daher ideal geeignet für Saucen, Suppen, Pürees oder Eintöpfe und zur milchsauren Vergärung. Zarte Frühlingsrüben werden dabei schneller weich als Winterware aus dem Lager.

Wenn es ein Gemüse gibt, das Kinder gerne essen, dann sind es sicherlich Möhren. Dafür mag ihr leicht süßlicher Geschmack verantwortlich sein, doch auch die Inhaltsstoffe sind beachtenswert. Von allen Gemüsearten enthalten Möhren den höchsten Gehalt an Provitamin A (Beta-Karotin). Zudem sind sie leicht verdaulich.

Möhren

Möhren, auch Karotten, Mohrrüben oder Gelbe Rüben genannt, sind ein weltweit beliebtes Gemüse. Es gibt unzählige Sorten, die sich zu langen, halblangen, kurzen, zylindrischen und kegelförmigen Formen mit spitzen oder abgestumpften Enden entwickeln. Möhren sind schon aufgrund ihrer orangenen Farbe beliebte Zutaten für milchsaures Gemüse. Aus ernährungsphysiologischer Sicht sind sie jedoch Kraftfutter für unser Immunsystem. Denn sie enthalten viel Beta-Karotin, das eine Schutzfunktion gegenüber freien Radikalen im Körper ausübt. Zudem wird aus Beta-Karotin Vitamin A gebildet, das der Körper aber nur verwerten kann, wenn er gleichzeitig etwas Fett zugeführt bekommt. Deshalb empfiehlt es sich, milchsauer vergorene Möhren mit etwas Öl als Salat anzurichten. Da bei frühen Sorten der Zuckergehalt höher ist als bei späten und gelagerten Möhren, vergären die frühen Sorten besonders gut. Je dunkler gefärbt die Möhren sind, desto höher ist der Karotingehalt.

Wirkungsweise der Möhren

- Stärken die Immunabwehr und wehren freie Radikale ab
- Aktivieren den Zellstoffwechsel, kräftigen die Schleimhäute
- Verbessern die Sehkraft
- Haben eine harntreibende Wirkung
- Helfen bei Verdauungsstörungen von Säuglingen
- Sorgen für schöne Haut, Haare und Nägel

Petersilienwurzel und Pastinake

Pastinaken sind bei uns fast in Vergessenheit geraten, dank vieler Biobauern werden sie aber immer häufiger auf Wochenmärkten angeboten. In Nordamerika sind sie als Weihnachtsgemüse seit eh und je beliebt.

Petersilienwurzeln und Pastinaken sind im Gegensatz zu den Möhren weiß bis cremefarbig und in ihrer Gestalt etwas dicker. Beide sind typische Wintergemüse, die ab Oktober auf den Markt kommen. Die Petersilienwurzel ist eng mit der Blattpetersilie verwandt. Die bis zu 20 Zentimeter langen Wurzeln sind von würzigem Geschmack. Ihre Blätter dienen wie Blattpetersilie als Gewürz. Pastinaken waren bis zum 18. Jahrhundert ein wichtiger Bestandteil der Ernährung in Europa, heute haben sie aber nur noch in Großbritannien und Frankreich Bedeutung in der Alltagsküche. Bei uns werden sie immer mehr von Biobauern angebaut. Mit etwa 40 Zentimetern Länge und bis zu eineinhalb Kilogramm Gewicht ähneln sie groß gewordenen Petersilienwurzeln, neigen jedoch dazu, Seitenwurzeln zu bilden. Pastinaken schmecken nach ersten Nachtfrösten oder langer Lagerung am besten. Geruch und Geschmack sind wie bei den Petersilienwurzeln kräftig aromatisch und erinnern leicht an Nüsse.

Wirkungsweise von Petersilienwurzel und Pastinaken

- Regen die Verdauung an
- Wirken harntreibend
- Pastinaken helfen bei Schlaflosigkeit und Fieber
- Petersilienwurzeln helfen bei Erkältungskrankheiten

Speiserübe oder weiße Rübe

Unter der Bezeichnung Speiserübe werden mehrere Rübensorten zusammengefasst; entsprechend vielfältig sind ihre Erscheinungsformen. Weiße Rüben können rund oder länglich sein, ihr Fruchtfleisch ist innen weiß, während die Schale rötlich oder violett gefärbt sein kann. Das Aroma erinnert an Rettiche. Besonders feine Rüben aus dieser Familie sind die kleinen, runden Navets oder Teltower Rübchen. Sie lassen sich sehr gut milchsauer vergären, wodurch ihr festes Fleisch weicher wird.

Rettich

Es gibt verschiedene Sorten, die unterschiedlich scharf sind. Ihren ätherischen Ölen verdanken sie ihre vielfältigen Wirkungen. Rettiche helfen bei Blähungen und Durchfall, wirken bakterienabtötend und fördern die Durchblutung.

Meerrettich

Dieser fast vergessene Klassiker wird auch Kren oder Kree genannt. Für die Milchsäuregärung eignet er sich vor allem als aromatische Würzbeilage, da er von Natur aus sehr scharf und intensiv schmeckt. Dies ist auf den Gehalt starker ätherischer Öle zurückzuführen, die beim Reiben sofort Tränen in die Augen treiben; daher bei geöffnetem Fenster arbeiten. Die bis zu 30 Zentimeter langen, außen gelbbraunen und innen weißen Wurzeln lassen sich gut im Kühlschrank aufbewahren. Dünne Wurzeln sind schärfer als dickere. Meerrettich enthält viel Kalium, Kalzium, Phosphor und Vitamin C. Er hilft bei Fieber, unterstützt das Lösen von Schleim und erleichtert das Abhusten.

Die Blätter von Wurzeln oder Knollen zeigen sehr deutlich, wie frisch das Gemüse ist. Da die Blätter auch nach der Ernte noch verstoffwechseln, soll man sie vor dem Einlagern entfernen, damit die Wurzeln oder Knollen nicht auslaugen. Verwenden Sie frische Blätter, zum Beispiel von Rüben, Steckrüben oder Rettich (vor allem die feineren Blätter) auch zum Einlegen, da diese sehr nährstoffreich sind.

Geriebener Meerrettich verliert schnell seine Schärfe, daher immer nur die benötigte Menge reiben und sofort weiterverarbeiten.

Knollengemüse

Obwohl Knollen- von Wurzelgemüse botanisch eindeutig abzugrenzen ist, kann man sowohl äußerlich als auch von den Inhaltsstoffen her viele Gemeinsamkeiten erkennen: Denn auch Knollengemüse wächst unterirdisch, ist stärke- und zuckerreich und damit bestens für die milchsaure Vergärung geeignet.

Kohl- oder Steckrübe

Steck- oder Kohlrüben sind meist größer als Speiserüben. Man kann sie an der Blattfarbe unterscheiden, denn im Gegensatz zu den grasgrünen Blättern der Steckrübe haben Kohlrüben blaugrüne Blätter. In manchen Gegenden wird die Kohlrübe auch als Unterkohlrabi bezeichnet. Kohlrüben haben gelbes Fruchtfleisch. Ihr Geschmack ist etwas kräftiger und derber als der der weißen Rüben. Kohlrüben werden oft als minderwertig angesehen, obwohl sie im Winter 1916/17 die Bevölkerung maßgeblich ernährt haben. Zudem sind sie unser kalorienärmstes Wurzelgemüse und weisen hohe Gehalte an Kalium und Vitamin C auf. Sie eignen sich aufgrund ihres hohen Zuckergehaltes bestens zur milchsauren Vergärung.

Rote Bete

Rote Bete oder Rote Rüben sind als eingelegtes Gemüse sehr beliebt, weshalb sich die Milchsäuregärung hier in idealer Weise anbietet. Dabei erhält das Endprodukt eine fein säuerliche Note, während der zuweilen erdige Geschmack der Ausgangsware verschwindet. Rote Bete enthalten viel Silizium, Kalium und Folsäure, ein Vitamin der B-Gruppe, das vielen Menschen fehlt und enorme Bedeutung für das Nervengerüst und das Zellwachstum hat. Zusätzlich fördert die Folsäure die Produktion von Hormonen, die eine positive Stimmungslage schaffen. Leider enthält Rote Bete als Nitrat speichernde Pflanze von Natur

Damit die wertvolle, aber hitzeempfindliche Folsäure nicht zerstört wird, sollte Rote Bete vorwiegend als Rohkost verzehrt oder nur kurz erhitzt werden.

aus auch viel Nitrat, doch dies ist bei geringem Verzehr nicht relevant. Bei den Verbrauchern sind vor allem die kleinen Knollen unter dem Namen »Babybeets« beliebt. Zum Vergären nur einwandfreie Knollen verwenden.

Wirkungsweise der Rote Bete

- Kräftigen Bindegewebe, Haut, Gefäßwände und Knochen
- Steigern die Produktion von roten Blutkörperchen
- Fördern Zellwachstum und reparieren Zellkerne
- Wirken entwässernd und entsäuernd
- Regen den Appetit an
- Neutralisieren und entfernen Giftstoffe, vor allem im Gehirn

Sellerie

Knollensellerie ist von großer, kugeliger Gestalt und hat eine raue, gelblich weiße oder graubraune Schale. Er zählt zum beliebtesten Heimatgemüse. Sein kräftiges Aroma wird in Suppen, Saucen und Salaten geschätzt. In letzter Zeit gewinnt der Stangensellerie, auch Bleich- oder Staudensellerie genannt, immer mehr an Beliebtheit. Von ihm essen wir die verdickten Blattstiele, denn er bildet nur eine ganz kleine Knolle aus. Beide Selleriearten lassen sich bestens milchsauer vergären und man kann daraus aromatische, saftige Salate herstellen, die pur oder in Kombination mit anderen Gemüsearten gut schmecken.

Sellerie liefert viele Vitamine der B-Gruppe sowie reichlich Mineralstoffe und Spurenelemente. Seine ätherischen Öle wirken antibakteriell und pilzabtötend.

Wirkungsweise von Sellerie

- Wirkt schleimlösend bei Husten und Erkältung
- Hilft bei Verstopfung, Blähungen und Durchfall
- Fördert Gallenfluss und Eiweißverdauung
- Gut für Nerven und Gehirn
- Sorgt für gesunde Haut, Augen und Haare
- Selleriesaft wirkt harntreibend und hilft beim Fettabbau
- Desinfiziert Schleimhäute in Mund und Rachenraum
- Wirkt antibakteriell in Nieren, Blase und Harnwegen

Fruchtgemüse

Hierzu zählen Früchte, die wenig süß schmecken und die man, anders als Obst häufig auch gekocht isst.

Zucchini

Kürbis ist ebenso geeignet, milchsauer vergärt zu werden. Sie können das Fruchtfleisch der Riesenkürbisse oft kiloweise auf dem Wochenmarkt kaufen. Oder Sie entscheiden sich für die kleineren Exemplare der Moschuskürbisse, etwa einen Hokkaido-Kürbis, der durch sein feines Aroma besticht.

Zucchini, Kürbisse und Gurken gehören der botanischen Familie der Kürbisgewächse an. Wie ihr Name schon sagt – das italienische »Zucca« bedeutet Kürbis – stammen Zucchini vom Riesenkürbis ab und heißen übersetzt »kleine Kürbisse«. Zucchini gibt es in grünen und in gelben Varianten, die sich zwar im Aroma kaum voneinander unterscheiden, jedoch für schöne optische Effekte sorgen. Ihr geschmacksneutrales Fruchtfleisch eignet sich auf ideale Weise für die milchsaure Konservierung, vor allem in Kombination mit würzigen Kräutern. Beliebt sind Zucchini vor allem im jungen Zustand, etwa in einer Länge von 10 bis 20 Zentimetern, ältere Früchte werden oft dicker und das Fruchtfleisch verliert an Zartheit. Ihre zahlreichen weichen Kerne werden mitverzehrt. Ein weiterer Pluspunkt der Zucchini ist ihr niedriger Preis, vor allem im Sommer, sowie das ganzjährige Angebot. Außerdem lassen sich Zucchini im Kühlschrank bis zu drei Wochen aufbewahren. Zucchini sind reich an Wirkstoffen und leicht bekömmlich, weshalb sie sich auch gut als Kinder- und Krankenkost eignen.

Wirkungsweise der Zucchini

- Sind nährstoffreiche Begleiter bei Schlankheitskuren
- Erhöhen die Gehirnleistung und Konzentrationsfähigkeit
- Aktivieren den Zellstoffwechsel
- Kräftigen Muskel und Herz
- Wirken entwässernd und entsäuernd
- Entgiften den Darm
- Beseitigen Darmträgheit und Verstopfung
- Kräftigen alle Schleimhäute im Körper

Gurken

Alle Gurkensorten, vor allem die kleinen Einlegegurken, kann man für die milchsaure Vergärung verwenden. Je nach Sorte ist die Schale der Einlegegurken an der Oberfläche mit Warzen oder kleinen Stacheln versehen. Einlegegurken werden noch im jungen Zustand geerntet, sonst würden sie zu größeren, hellgelben Früchten ausreifen. Das fertige Gärprodukt bezeichnet man als »Saure Gurken«, wobei die kleinen Gürkchen besonders knackig schmecken, Stücke von dickeren Gurken werden nach dem Einlegen etwas weicher. Ebenso wie die vor allem zum Rohverzehr bestimmten Schlangengurken lassen sich die zum Einlegen oder Schmoren vorgesehenen Gurken selbst im Garten ziehen. Gurken enthalten kaum Kalorien, viel Wasser und wichtige Wirkstoffe für Schönheit und Gesundheit. In der Schale von Gurken sitzt viel Provitamin A (Beta-Karotin), das unter anderem freie Radikale abfängt, gegen Schäden durch Sonneneinstrahlung wirkt, Haut und Schleimhäute gesund hält und gut für die Augen ist. Das in der Gurke enthaltene Enzym Erepsin dient als Waffe gegen Bakterien und Würmer im Darm. An

Aufgrund ihres hohen Wasseranteiles eignen sich Gurken sehr gut zum Abnehmen: Sie liefern wenig Kalorien und versorgen die Zellen gleichzeitig mit vielen wichtigen Wirkstoffen.

Kaum Arbeitsaufwand und auch wenig Zeit sind notwendig, um aus diesen Einlegegurken hausgemachte Saure Gurken herzustellen.

Mineralstoffen ist besonders das Kalium hervorzuheben. Frische Gurken sollten nie zusammen mit Tomaten lagern, denn diese geben das Reifungsgas Ethylen ab und dadurch reifen die Gurken dann zu rasch.

Gurken möglichst mit der Schale essen, um in den Genuss des Beta-Karotins zu kommen. Wegen möglicher Schadstoffbelastungen am besten Gurken aus biologischem Anbau wählen.

Wirkungsweise von Gurken

- Wirken darmreinigend und entgiftend
- Halten Haut und Schleimhäute gesund
- Verbessern die Eiweißverwertung
- Lindern Nieren- und Blasenbeschwerden
- Sind gut für den Sehprozess
- Helfen bei geschwollenen oder entzündeten Augen

Paprika

Aus dem feuchtwarmen tropischen Klima Mittel- und Südamerikas stammen die bunten Früchte der Paprikapflanzen, die in der Umgangssprache als Schoten bezeichnet werden, obwohl sie, botanisch gesehen, Beeren sind. (Schoten platzen bei der Reife auf und geben die Samen frei.) Kolumbus brachte die ersten Exemplare mit nach Spanien und von dort verbreiteten sie sich in die anderen mediterranen Anbaugebiete und nach Ungarn. Ursprünglich waren alle Früchte höllisch scharf, doch im Laufe der Jahrhunderte wurden immer mildere Sorten und Varietäten gezüchtet. So gibt es heute weltweit unzählige Formen von Paprika, von den ausgesprochen scharfen Chilis über Gewürzpaprika bis zur milden Gemüsepaprika. Die Tomatenpaprika ist eine weitere Form, die vorwiegend zu Püree verarbeitet wird.

Die bei uns erhältlichen Gemüsepaprika gibt es in Grün, Gelb, Orange- oder Dunkelrot. Während die grünen, unreifen Schoten eher neutral schmecken, haben die ausgereiften roten oder gelben Schoten ein angenehm süßes und fruchtiges Aroma.

Gewürzpaprika oder Peperoni werden die kleinen, länglichen Schoten, die es in Grün oder Rot gibt, genannt. Die meisten dieser Sorten sind mehr oder weniger scharf. Daher soll man immer vor Verwendung die Schärfe testen. Nach dem Schneiden dieser scharfen Schoten gründlich die Hände waschen und auf keinen Fall danach die Augen reiben oder – noch besser – dünne Gummihandschuhe bei der Vorbereitung tragen. Für die Schärfe verantwortlich ist ein Alkaloid namens Capsaicin. Es sitzt vornehmlich in den Samen und Scheidewänden der Früchte. Capsaicin fördert die Durchblutung und kurbelt die Verdauung an. Zudem soll diese Substanz auch gegen Migräne helfen. Paprikaschoten sind wahre Vitaminbomben: Sie enthalten besonders viel Vitamin C, zehnmal so viel wie eine Zitrone. Daneben liefern sie reichlich Vitamin B 1 und B 2, B 6 und das Immunschutzmittel Provitamin A. Daneben enthält Paprika reichlich Kalzium für die Knochen, Eisen für das Blut, Phosphor für das Gehirn und das wichtige Spurenelement Zink.

Milchsauer vergorener Paprika verträgt sich mit vielen Gewürzen. Richten Sie ihn entweder süßsauer im Rahmen eines asiatischen Menüs oder als pikante Beilage zu Fleischfondue an.

Wirkungsweise von Paprika

- Stärkt die Immunkraft
- Hilft bei Durchblutungsstörungen und Migräne
- Kräftigt Herz und Kreislauf
- Kräftigt die Schleimhäute
- Fördert den Zell- und Eiweißstoffwechsel
- Festigt das Bindegewebe
- Verbessert die Konzentrationsfähigkeit

Paprika werden bei uns ganzjährig angeboten. Die roten und gelben Paprikaschoten sind aus Geschmacksgründen zu bevorzugen, zudem enthalten sie mehr Vitamin C und A als die nicht ganz ausgereiften grünen Schoten. Beim Kauf sollten nur feste Früchte mit glatter Schale und einem unversehrten Stiel gewählt werden. Runzlige und weiche Früchte sind zu lange gelagert und enthalten nur noch wenig Vitamine. Paprika lässt sich in der Küche vielfältig zubereiten. Ob roh, gedünstet, gebraten oder milchsauer vergoren, bei der Zubereitung der Paprikagerichte immer etwas Öl hinzufügen, damit das wertvolle, fettlösliche Beta-Karotin voll genutzt werden kann.

Zwiebelgemüse

Wenn Ihnen beim Schälen von Zwiebeln die Tränen fließen, dann lassen Sie sich dadurch trösten, dass Sie dabei automatisch den Mund- und Rachenraum desinfizieren. Zwiebeln schützen auch sich selbst: Sie haben so viele Abwehrstoffe, dass sie praktisch kaum von Bakterien und Insekten geschädigt werden. Daher werden Zwiebeln selten chemisch behandelt.

Die Mitglieder dieser großen botanischen Familie werden weltweit in der Küche sehr geschätzt. Sie haben weitgehend ähnliche Inhaltsstoffe und Wirkungen. Sie unterscheiden sich nur durch ihr Aussehen und durch den Grad ihrer Schärfe. Diese kommt von den ätherischen, schwefelhaltigen Ölen, vor allem Allicin. Die ätherischen Öle sind so stark, dass sie die Schleimhäute schützen und Infektionen vorbeugen helfen. Weiter enthalten sie wichtige Flavonoide, das sind Pflanzenschutzstoffe, sowie Eiweiß, Vitamine, Mineralstoffe und Spurenelemente. Für die milchsaure Vergärung kommen vor allem Speisezwiebeln, Porree und Knoblauch in Betracht, meist als Beigabe zu anderen Gemüsearten. Dass sich kleine Zwiebeln hervorragend zum Konservieren eignen, kennt man ja schon seit vielen Jahren von den in Essig eingelegten Silberzwiebeln.
Die verschiedenen Zwiebelgewächse werden seit Tausenden von Jahren als sichere und preiswerte Hausmittel bei vielen Krankheiten von der Erkältung bis zum Bluthochdruck sowie als allgemeine Kräftigungsmittel geschätzt.

Wirkungsweise von Zwiebelgewächsen

- Beugen Infektionen vor
- Desinfizieren Nasen-, Mund- und Rachenraum
- Kräftigen die Schleimhäute in Magen und Darm
- Senken Blutdruck und Blutfette
- Fördern die Durchblutung, zum Beispiel bei kalten Füßen
- Wirken appetitanregend
- Schützen die Gefäße, lindern Venenbeschwerden
- Kräftigen das Immunsystem
- Fördern die Blutbildung
- Regen die Produktion von aktivierenden Stresshormonen an
- Stimulieren die Libido
- Kräftigen Herz und Kreislauf
- Wirken vorbeugend gegen Arteriosklerose

Porree

Porree, auch Lauch oder Winterlauch genannt, ist der deutsche Klassiker unter den Zwiebelgewächsen: preiswert, wohlschmeckend, das ganze Jahr über erhältlich und zudem gut zu lagern. Zum Kochen, Backen und milchsauren Vergären sollte man auch die grünen Blätter mitverwenden, da sie besonders viele Vitamine und Mineralstoffe enthalten. Nur derbe und unschöne Teile müssen beim Putzen entfernt werden. Porree enthält große Mengen an Kalzium, Phosphor, Eisen und Kalium. An Vitaminen sind vor allem das Provitamin A, Vitamin E, Vitamin C und Folsäure zu nennen. Porree gilt als das beste Gemüse für die Darmgesundheit, da er Bakterien und Pilze vernichtet.

Porree ist ein bewährtes Vorbeugungs- und Linderungsmittel bei Venenbeschwerden, denn er ist reich an blutverdünnenden Wirkstoffen.

Zwiebeln

So vielfältig ihre Erscheinungsformen sind, so vielseitig werden Zwiebeln in der Küche verwendet. Die Schale kann braun, weiß oder rot sein, die Gestalt von klein bis groß. Zwiebeln sollen erst ganz kurz vor der Verwendung abgezogen und zerkleinert werden, damit sie nicht an Geschmack verlieren. Zur Herstellung von milchsaurem Gemüse eignen sich vor allem kleine Exemplare.

Knoblauch

Mit seinem ihm so eigenen Geruch ist Knoblauch auch bei der milchsauren Gärung eher als Gewürz denn als Hauptzutat gedacht. Hier entscheidet jeder, wie viel er verwenden will.

Knoblauch alleine zu vergären macht wenig Sinn, da sich Aroma und Farbe extrem intensiv entwickeln. Geben Sie ihn lieber als kräftiges Würzmittel zu Gemüsemischungen.

Gemüsefenchel

Von Aussehen und Inhaltsstoffen her kann man Fenchel zu den Zwiebelgewächsen zählen. Er hat fleischige, breite Blätter von süßlich aromatischem Geschmack, der auf dem Gehalt von Anisöl beruht.

Hülsenfrüchte

In Asien gelten Bohnen von alters her als Vorbeugungs- und Heilmittel gegen Darm- und Kreislaufbeschwerden. Bohnen enthalten körperaufbauendes Eiweiß, sind reich an Kalium, Kalzium, Eisen und Vitamin C, verschiedenen B-Vitaminen und Beta-Karotin. Zudem liefern sie wichtige Ballaststoffe.

Zu dieser drittgrößten botanischen Familie gehören weltweit unzählige Arten. Sie alle bilden Hülsen aus, in deren Inneren sich die Bohnen befinden. Sie enthalten zwei- bis dreimal so viel Eiweiß wie Getreide, woraus sich ihre große Bedeutung für die Welternährung ableiten lässt. Für die Verwendung in der Küche unterscheidet man zwischen frischen Bohnen – unreife Hülsen mit unreifen Samen – und Trockenbohnen – reife Samen, die je nach Sorte andersfarbig sind. Wichtig: Alle Bohnen müssen immer, also auch vor der milchsauren Vergärung, gekocht oder blanchiert werden, denn nur dadurch wird ihre giftige Eiweißverbindung Phasin unschädlich gemacht.

Wirkungsweise von Hülsenfrüchten

- Helfen bei Magenleiden
- Helfen gegen Leber-, Nieren- und Blasenleiden
- Wirken entwässernd
- Regen die Eiweißsynthese in den Körperzellen an
- Wirken zellaufbauend
- Wirken vitalisierend
- Stärken Herz und Kreislauf

Schnittbohnen

So werden große, flachhülsige Stangenbohnen genannt, da sie sich gut schneiden lassen. Sie haben ein aromatisches, nicht so feines Fleisch, weiche Samen und meist recht harte Fäden, die vor dem Kochen und Schneiden abgezogen werden müssen.

Brechbohnen

Sie haben runde, zartfleischige Hülsen und feine Samen. Da sie meist fadenfrei gezüchtet worden sind, machen sie beim Vorbereiten in der Küche nicht so viel Arbeit.

Prinzessbohnen

Jung gepflückte Buschbohnen werden auch als Prinzessbohnen bezeichnet. Ihre Hülsen sind kurz, schlank und fadenfrei. Da sie nur ganz kleine, dünne Bohnen enthalten, sind sie sehr zart. Zudem zeichnen sie sich durch ein feines Bohnenaroma aus.

Mungbohnen und Sojasprossen

Sojasprossen werden nicht, wie man vermuten möchte, aus Sojabohnen gewonnen, sondern aus den Samen der grünen Mungbohne, auch Mungobohne genannt. Man erhält die Sprossen in Asienläden, vielen Supermärkten und Naturkostläden, doch sollte man darauf achten, dass sie frisch sind. Da die Bohnen sehr unproblematisch keimen, kann man die bis zu 5 Zentimeter langen Sprosse in etwa acht Tagen auch selbst ziehen. Am besten in einem speziellen Keimgerät, in dem die Bohnen die richtigen Bedingungen von Feuchtigkeit und Licht bekommen, die sie zum Keimen benötigen. Doch auch in Einmachgläsern kann man die Sprossen ziehen. Sie müssen täglich befeuchtet werden.

Vegetarier greifen gerne auf Hülsenfrüchte zurück, wenn sie einen Fleischersatz suchen. Die Sojabohne dient als Ausgangsprodukt für Tofu, die Mungbohne für Sojasprossen und viele Bohnen werden gekocht verzehrt. Milchsauer vergorene Hülsenfrüchte sind hier eine Bereicherung des Speisezettels.

Was wenige wissen: Auch die Sprossen der Mungbohne lassen sich wie frische Bohnen oder Trockenbohnen hervorragend milchsauer vergären.

Stängelgemüse

Spargel

Bei Spargel scheiden sich die Gemüter, die einen lassen ihn links liegen, die anderen schwören auf ihn. Für die Spargelliebhaber kommt mit der milchsauren Vergärung eine weitere Zubereitungsmöglichkeit dazu. Probieren sollte man es auf jeden Fall.

Bei uns wird meist der weiße Spargel angeboten. Der grüne Spargel jedoch enthält mehr Vitamine, hat einen intensiveren Geschmack und muss kaum geschält werden. Spargel belebt den Stoffwechsel, daher sollte man die Spargelzeit ausgiebig nutzen, um den Körper zu entschlacken und neue Vitalstoffe zuzuführen. Spargel enthält viel Vitamin C und E sowie Vitamine der B-Gruppe, vor allem Folsäure. Bereits 100 Gramm Spargel decken den Tagesbedarf an Folsäure und Vitamin E. Der Kaliumgehalt wirkt entwässernd und entsäuernd, der Gehalt an Zink kräftigt Bindegewebe und Gefäße.

Wirkungsweise von Spargel

- Regt die Nierentätigkeit an, entwässert und entsäuert
- Kräftigt die Schleimhäute im Körper
- Stärkt die Nerven und aktiviert Glückshormone
- Fördert die Blutbildung und Sauerstoffversorgung
- Wirkt bei Darmträgheit und Verstopfung

Pilze

Champignons sind Lamellenpilze, die in großem Umfang auf speziellem Nährboden (Pferdemist und Stroh) aus Sporen gezüchtet werden. Hüte und Stiele sind essbar. Es gibt verschiedene Sorten, von den braunen Egerlingen bis zu den großen Riesenchampignons. Die Pilze verlieren etwas an Aroma, wenn man sie, statt sie lediglich abzureiben, unter fließendem Wasser spült. Dennoch sollte man sie für die milchsaure Vergärung abspülen. Auch die großhütigen Austernpilze mit ihrem feinen, milden Geschmack lassen sich gut milchsauer vergären.

Was vergärt gut (•), was besonders gut (••)?

Gemüse (Auswahl)	Verwendung alleine	gemischt	Rezept(e) auf Seite
Blumenkohl	••	••	46, 58
Bohnen	••	•	50
Brokkoli	•	••	58
Champignons	•	••	56
Chinakohl	••	••	39
Fenchel	••	••	55
Gurken	••	•	48, 49
Kohlrabi	••	••	45
Meerrettich	•	••	56
Möhren	••	••	43, 55, 59
Mungobohne	•	••	47, 60
Paprika	••	••	42, 52, 64
Petersilienwurzel	•	••	59
Porree	•	••	59
Rettich	••	••	55
Rote Bete	••	••	40, 56
Rotkohl	••	••	38, 57
Sellerie	••	••	41, 57, 61
Spargel	••	•	51
Weißkohl	••	••	36, 37, 64
Wirsing	••	••	44, 54, 57
Zucchini	•	••	52
Zwiebeln	•	••	45, 57, 59

Sellerie, sei es Knollen- oder Staudensellerie, sowie Möhren und Zwiebeln sind dankbare Gärsubstrate. Knoblauch dagegen versuchen Sie am besten erst gar nicht, solo zu vergären. Sein Aroma wird extrem verstärkt und er wird grün und unansehnlich, weil er als einzelnes Substrat zu wenig »Futter« für die Bakterien liefert. In Mischungen mit anderem Gemüse können Sie ihn dagegen bedenkenlos mitgären, er verleiht dem fertigen Produkt ein kräftiges Aroma.

Milchsäuregärung in der Praxis

Sauerkraut selbst herzustellen, ist denkbar einfach. Ist der Ansatz erst einmal gemacht, überlässt man der Zeit das Weitere.

Einzelne Gemüsearten

Die eigene Herstellung von milchsauer vergorenem Gemüse ist denkbar einfach, sie verläuft immer nach dem gleichen Schema. Ist der Ansatz erst einmal gemacht, überlässt man der Zeit das Weitere. Mit etwas Routine können Sie sich diese Konservierungsart leicht zu Eigen machen.

Sauerkraut

Für 1 Glas à 2 Liter

- 2 kg Weißkohl
- 20 g (4 TL) Salz
- 1–2 TL Wacholderbeeren

Zubereitungszeit: 30 Minuten
Gärzeit: 10–12 Tage

1 Den Weißkohl waschen, putzen und vierteln. Den Strunk entfernen und den Kohl in sehr feine Streifen hobeln oder schneiden. In einer Schüssel mit Salz und den Wacholderbeeren mischen. Den Kohl einige Minuten ziehen lassen, bis Saft austritt, dann mit einem Holzstempel oder der Faust etwas stampfen.

2 Das Glas heiß ausspülen und abtropfen lassen. Die Kohlstreifen hineinfüllen und fest einstampfen, bis der Krautsaft austritt und den Kohl bedeckt. Das Glas soll nur bis etwa 7 Zentimeter unter dem Rand gefüllt sein.

3 Einen Abstandhalter auf das Kraut pressen (siehe Seite 15) und den Deckel schließen. Das Gemüse bei Zimmertemperatur 10 bis 12 Tage vergären lassen. Einmal pro Tag den Deckel leicht öffnen und das entstandene Kohlendioxid entweichen lassen. Wenn die Gärung beendet ist, das Kraut im geschlossenen Glas an einem kühlen Ort aufbewahren.

Pro Glas
1959/461 kJ/kcal • 21 g Eiweiß
3 g Fett • 85 g Kohlenhydrate
46 g Ballaststoffe

Milchsaurer Spitzkohl

1 Kohlviertel in feine Streifen schneiden. Mit Salz und Kümmel mischen. Einige Minuten ziehen lassen, bis Saft austritt. Stampfen.
2 Den Kohl in das gespülte Glas so fest einstampfen, dass Saft austritt und alles bedeckt.
3 Einen Abstandhalter auf das Kraut pressen (siehe Seite 15) und das Glas verschließen.
4 Den Kohl bei Zimmertemperatur 8 bis 10 Tage vergären lassen. Einmal pro Tag das entstandene Gas entweichen lassen. Danach kühl aufbewahren.

Pro Glas
986/236 kJ/kcal • 18 g Eiweiß
3 g Fett • 33 g Kohlenhydrate
21 g Ballaststoffe

Info Spitzkohl ist die früheste aller Weißkohlsorten. Er vergärt besonders schnell zu Sauerkraut.

Für 1 Glas à 1 Liter

- 1 kg Spitzkohl (Butterkohl)
- 10 g (2 TL) Salz
- 1/2 TL Kümmel

Zubereitungszeit: 20 Minuten
Gärzeit: 8–10 Tage

Es lohnt sich, Sauerkraut gleich in größeren Mengen herzustellen, da es äußerst vielseitig zu verwenden ist. Zum Einlegen gibt es die praktischen Gärtöpfe mit einer Wasserrinne, in welche der Deckel sauber eingelegt wird.

Milchsaurer Rotkohl

Für 2 Gläser à 1 Liter

- 2 kg Rotkohl
- 1–2 Äpfel
- 20 g (4 TL) Salz
- 3–4 Nelken

Lake:

- 1/4 l lauwarmes Wasser
- 5 g (1 TL) Salz
- 1 Prise Zucker

Zubereitungszeit: 30 Minuten
Gärzeit: 8–10 Tage

Bei Weiß- oder Rotkohl muss keine oder nur wenig Lake zugegeben werden, da beim Stampfen des Krautes ausreichend Saft austritt.

1 Den Rotkohl waschen, putzen und vierteln. Die Strunkteile entfernen, den Kohl in sehr feine Streifen hobeln oder schneiden und die Krautstreifen in eine große Schüssel geben.

2 Die Äpfel schälen, vom Kerngehäuse befreien und das Fruchtfleisch fein schneiden. Zu den Krautstreifen geben, Salz und Nelken darunter mischen. Den Kohl einige Minuten ziehen lassen, bis Saft austritt. Den Kohl noch etwas stampfen.

3 Für die Lake Salz mit Zucker und Wasser verrühren.

4 Die Gläser heiß ausspülen und auf einem sauberen Geschirrtuch abtropfen lassen.

5 Die Kohlstreifen schichtweise einfüllen. Auf jede Lage einige Tropfen der Lake träufeln.

6 Das Gemüse so fest einstampfen, dass der Krautsaft austritt und den gesamten Kohl bedeckt. Jedes Glas nur bis etwa 7 Zentimeter unter den Glasrand füllen.

7 Je einen Abstandhalter auf das Kraut pressen (siehe S. 15) und die Gläser verschließen.

8 Das Gemüse bei Zimmertemperatur 8 bis 10 Tage vergären lassen. Einmal pro Tag den Deckel leicht öffnen und das entstandene Gas (Kohlendioxid) entweichen lassen. Wenn die Gärung beendet ist, das Kraut an einem kühlen Ort aufbewahren.

Pro Glas
1367/327 kJ/kcal • 17 g Eiweiß
2 g Fett • 56 g Kohlenhydrate
27 g Ballaststoffe

Tipp Milchsauer eingelegter Rotkohl dient als Salatgrundlage für viele Rezeptideen. Kombinieren Sie das Kraut mit einem aromatischen, kaltgepressten Öl und mit frisch geraspelten Äpfeln, Ananasstückchen oder Granatapfel. Zusätzlich können 1 bis 2 Esslöffel Gelee oder Marmelade den Geschmack abrunden. Im Übrigen können Sie den milchsaueren Rotkohl ebenso wie Sauerkraut verwenden und mit seiner intensiven Farbe optische Akzente setzen. Der Rotkohl schmeckt warm oder kalt.

Milchsaurer Chinakohl (Kimchi)

Für 3 Gläser à 500 Milliliter

- 1 kg Chinakohl
- 1–2 Möhren
- 5 cm frische Ingwerwurzel
- 10 Knoblauchzehen
- 2 Chilischoten

Lake:

- 1 l lauwarmes Wasser
- 10 g (2 TL) Salz

- **Zubereitungszeit: 20 Minuten**
  Gärzeit: 7–8 Tage

1 Die Gläser heiß ausspülen und auf einem sauberen Geschirrtuch abtropfen lassen.

2 Chinakohl und Möhren waschen, putzen und in feine Streifen schneiden.

3 Den Ingwer schälen und den Knoblauch abziehen; beides fein würfeln. Die Chilischoten waschen, halbieren, die Samen und die Scheidewände entfernen und das Fruchtfleisch in feine Streifen schneiden. Anschließend sofort die Hände waschen, da die Schärfe der Chilis auf der Haut und, nach unbeabsichtigtem Berühren, in den Augen höllisch brennt.

4 Für die Lake das Wasser mit dem Salz verrühren.

5 Chinakohlstreifen und Möhrenrstifte mit Ingwer, Knoblauch und Chili mischen und in die Gläser füllen. Das Gemüse fest in die Gläser drücken, diese sollen nur bis etwa 5 Zentimeter unter den Glasrand gefüllt werden. Die Lake über das Gemüse gießen und dabei darauf achten, dass alles mit Flüssigkeit bedeckt ist.

6 Einen Abstandhalter auf den Chinakohl pressen und die Gläser verschließen. Das Gemüse bei Zimmertemperatur etwa 1 Woche vergären lassen. Einmal pro Tag die Deckel ganz kurz öffnen, damit das Kohlendioxid entweichen lassen und sofort wieder verschließen.

7 Nach abgeschlossener Gärung die Gläser an einem kühlen Ort aufbewahren.

Pro Glas
250/60 kJ/kcal • 4 g Eiweiß
1 g Fett • 8 g Kohlenhydrate
6 g Ballaststoffe

Tipp Milchsaurer Chinakohl schmeckt als Vorspeise zu asiatischen Menüs, zu Reis und zu Fischgerichten. Man kann ihn noch mit etwas Sojasauce und/oder Sesamöl würzen. Sollte Ihnen der Kohl zu scharf sein, reduzieren Sie einfach die Chilimenge.

Info Diese milchsaure Kohlzubereitung ist dem koreanischen Nationalgericht »Kimchi« nachempfunden.

Dieses pikant-würzige Sauergemüse ist eine ideale Grundlage für Salatmarinaden und passt zu allen Blattsalaten.

Milchsaure Rote Bete

Für 2 Gläser à 500 Milliliter

- 500 g Rote Bete
- 1 Zwiebel
- 1 TL Anis- oder Fenchelsamen
- 1 Prise Salz

Lake:

- 1/2 l lauwarmes Wasser
- 10 g (2 TL) Salz
- 1 TL Essig

Zubereitungszeit: 30 Minuten
Gärzeit: 10–12 Tage

1 Die Gläser heiß ausspülen und auf einem sauberen Geschirrtuch abtropfen lassen.

2 Die Rote Bete waschen, schälen und dabei alle unschönen Stellen wegschneiden. Die Knollen stifteln.

3 Die Zwiebel abziehen, in Streifen schneiden und mit der Rote Bete mischen. Das Gemüse mit Anis- oder Fenchelsamen würzen und leicht salzen. Die Rote Bete etwas stampfen und einige Minuten ziehen lassen.

4 Für die Lake das Wasser mit Salz und Essig verrühren.

5 Das Gemüse bis 4 Zentimeter unter den Rand in die Gläser füllen und gut eindrücken. Die Lake über das Gemüse gießen und dieses damit bedecken.

6 Je einen Abstandhalter auf das Gemüse drücken. Die Gläser verschließen und die Rote Bete bei Zimmertemperatur 10 bis 12 Tage vergären lassen. Einmal pro Tag den Deckel leicht öffnen und das Kohlendioxid entweichen lassen.

7 Nach abgeschlossener Gärung, das heißt, wenn keine Bläschen mehr aufsteigen, die Gläser kühl aufbewahren.

Pro Glas

648/155 kJ/kcal • 5 g Eiweiß
0 g Fett • 32 g Kohlenhydrate
11 g Ballaststoffe

Tipp Wenn Sie die Rote Bete lieber etwas weicher mögen, können Sie das geschälte Gemüse vor der Vergärung auch einige Minuten blanchieren. Das abgekühlte Blanchierwasser können Sie dann für die Lake verwenden.

Info Da beim Gären das Gemüse wegen der Gasentwicklung nach oben gedrückt wird, ist es wichtig, dieses durch eine Pressvorrichtung unten zu halten. Am einfachsten geht dies mit einem Abstandhalter, der gewährleistet, dass das Gemüse unter der Lake bleibt. Als Abstandhalter kann alles verwendet werden, was lebensmittelecht und säureresistent ist (siehe Seite 15). Gut eignen sich z. B. abgeschnittene saubere Joghurtbecher.

Milchsaurer Sellerie

Für 2 Gläser à 500 Milliliter

- 1 große Sellerieknolle (etwa 750 g)
- 1 TL Salz

Lake:

- 1 l lauwarmes Wasser
- 20 g (4 TL) Salz

Zubereitungszeit: 30 Minuten
Gärzeit: 6–8 Tage

1 Die Gläser heiß ausspülen und auf einem frischen Geschirrtuch abtropfen lassen.

2 Die Sellerieknolle waschen, alle Erdreste gründlich entfernen und die Knolle dünn schälen. Den Sellerie in feine Streifen raspeln, in eine Schüssel geben und mit Salz mischen. Das Gemüse etwas stampfen und einige Minuten Wasser ziehen lassen.

3 Für die Lake das Wasser mit Salz verrühren.

4 Das Gemüse in die Gläser füllen und gut festdrücken, es soll 4 Zentimeter unter dem Glasrand stehen. So viel Lake eingießen, dass das Gemüse vollständig damit bedeckt ist.

5 Mit einem Abstandhalter die Zutaten in das Glas drücken und die Gläser verschließen.

6 Den Sellerie bei Zimmertemperatur 6 bis 8 Tage vergären lassen. Einmal pro Tag den Deckel leicht öffnen und das Kohlendioxid entweichen lassen. Wenn die Gärung beendet ist, das Gemüse an einem kühlen Platz aufbewahren.

Pro Glas
397/95 kJ/kcal • 4 g Eiweiß
1 g Fett • 17 g Kohlenhydrate
7 g Ballaststoffe

Variante Anstelle von Knollensellerie können Sie für dieses Rezept auch Staudensellerie verwenden. Dafür die Stangen waschen, die Fäden abziehen und den Sellerie in 2 bis 3 Zentimeter lange Stücke schneiden. Wenn Sie die Selleriestücke etwas länger schneiden, geben Sie sie senkrecht ins Glas.

Milchsaure Paprikaschoten

Für 4 Gläser à 250 Milliliter

- 1 kg Paprikaschoten, rot, gelb und grün
- 1 Bund Dill oder Petersilie
- 1 Zwiebel
- 1–2 Chilischoten
- 1–2 TL Senfkörner

Lake:

- 1 l lauwarmes Wasser
- 20 g (4 TL) Salz

Zubereitungszeit: 30 Minuten
Gärzeit: 8–10 Tage

1 Die Gläser heiß ausspülen und abtropfen lassen.

2 Die Paprikaschoten waschen, putzen und in 2 bis 3 Zentimeter große Streifen oder Stücke schneiden. Dill oder Petersilie waschen, trocknen und kleine Zweige abtrennen. Die Zwiebel abziehen und in feine Streifen schneiden. Die Chilischoten waschen und putzen.

3 Für die Lake das Wasser mit Salz verrühren.

4 Paprika, Kräuter, Zwiebeln, Senfkörner und Chilischoten abwechselnd in die Gläser einschichten und gut festdrücken. Mit der Lake bedecken.

5 Alles mit einem Abstandhalter in das Glas drücken, die Paprikastücke sollen etwa 4 Zentimeter unter dem Rand stehen.

6 Die Gläser verschließen. Die Paprika bei Zimmertemperatur 8 bis 10 Tage vergären lassen.

Pro Glas
1785/427 kJ/kcal • 15 g Eiweiß
3 g Fett • 81 g Kohlenhydrate
26 g Ballaststoffe

Milchsaure scharfe Peperoni

Für 1 Glas à 500 Milliliter

- 12–15 scharfe Peperonischoten
- einige Zweige frischer Thymian

Lake:

- 300 ml lauwarmes Wasser
- 10 g (2 TL) Salz

Zubereitungszeit: 20 Minuten
Gärzeit: 8 Tage

1 Das Glas heiß ausspülen und abtropfen lassen.

2 Die Peperoni waschen. Die Stiele bis auf einen kleinen Rest abschneiden. Die Früchte längs einritzen und die Samen entfernen, falls es nicht zu scharf sein soll. Die Peperoni dicht nebeneinander senkrecht in das Glas setzen. Die Thymianzweige abspülen und dazwischenstecken.

3 Für die Lake das Wasser mit Salz verrühren und so über die Peperoni gießen, dass sie vollständig bedeckt sind.

4 Einen Abstandhalter obenauf drücken und das Glas verschließen. Das Gemüse bei Zimmertemperatur 8 Tage vergären lassen. Nach abgeschlossener Gärung kühl aufbewahren.

Pro Glas
485/116 kJ/kcal • 3 g Eiweiß
0 g Fett • 24 g Kohlenhydrate
4 g Ballaststoffe

Milchsaure Möhren mit Ingwer

Für 3 Gläser à 500 Milliliter

- 1 kg Möhren
- 4 cm frische Ingwerwurzel

Lake:

- 1 l lauwarmes Wasser
- 20 g (4 TL) Salz

■ **Zubereitungszeit: 30 Minuten**
Gärzeit: 8–10 Tage

1 Die Gläser heiß ausspülen und auf einem sauberen Geschirrtuch abtropfen lassen.

2 Die Möhren waschen, schälen und in dünne Stifte schneiden oder raspeln. Den Ingwer schälen und in sehr feine Würfel schneiden. Beides miteinander vermischen.

3 Für die Lake das Wasser mit Salz verrühren.

4 Die gewürzten Möhren bis 4 Zentimeter unter den Rand in die Gläser füllen. Die Lake darüber gießen; das Gemüse soll damit ganz bedeckt sein.

5 Je einen Abstandhalter auf das Gemüse drücken und die Gläser verschließen.

6 Die Möhren 8 bis 10 Tage vergären lassen. In den ersten Tagen die Gläser einmal ganz kurz öffnen, um den entstandenen Druck abzulassen. Sofort wieder verschließen, damit keine Luft (Sauerstoff) eindringen kann. Die Gärung ist abgeschlossen, sobald keine Bläschen mehr im Glas aufsteigen und sich die Flüssigkeit wieder klärt. Das milchsaure Gemüse anschließend an einem kühlen Ort aufbewahren.

Pro Glas
376/90 kJ/kcal • 2 g Eiweiß
0 g Fett • 18 g Kohlenhydrate
9 g Ballaststoffe

Tipp Wenn nach der Entnahme von Sauergemüse aus einem Gefäß die verbleibende Einlegeflüssigkeit nicht mehr ausreicht, um das restliche Gemüse wieder völlig zu bedecken, können Sie schnell eine Nachfülllake zubereiten und eingießen. Dafür einfach auf 1 Liter Wasser 20 Gramm (4 Teelöffel) Salz geben und gut verrühren.

Variante Nach dem gleichen Rezept können Sie Petersilienwurzel, Pastinaken, Rettich oder Kohlrabi vergären. Anstelle von Ingwer passen auch beliebige andere Kräuter.

Milchsaurer Wirsing

Für 1 Glas à 2 Liter

- 1 kg Wirsing
- 1 TL Salz
- 4 cm frische Ingwerwurzel
- 4 Knoblauchzehen
- 2 Chilischoten

Lake:

- 1 l lauwarmes Wasser
- 20 g (4 TL) Salz

Zubereitungszeit: 30 Minuten
Gärzeit: 8–10 Tage

1 Das Glas heiß ausspülen und auf einem sauberen Geschirrtuch abtropfen lassen.

2 Den Wirsing waschen, putzen, halbieren und den Strunk entfernen. Den Wirsing in etwa 1 Zentimeter breite Streifen schneiden und mit Salz mischen. Den Kohl einige Minuten ziehen lassen und stampfen.

3 Den Ingwer schälen und den Knoblauch abziehen. Beides fein würfeln und unter den Wirsing mischen. Die Chilischoten waschen und ganz lassen.

4 Für die Lake das Wasser mit Salz verrühren.

5 Den Wirsing mit den Chilischoten in das Glas füllen, die Lake darüber gießen und das Gemüse nach unten stampfen.

6 Das Gemüse mit einem Abstandhalter nach unten drücken, es soll etwa 5 Zentimeter unter dem Glasrand stehen, und das Glas verschließen.

7 Den Wirsing 8 bis 10 Tage vergären lassen. Nach der Gärung kühl aufbewahren.

Pro Glas
1735/415 kJ/kcal • 31 g Eiweiß
4 g Fett • 62 g Kohlenhydrate
31 g Ballaststoffe

Tipp Um zu verhindern, dass sich nach abgeschlossener Gärung Kahmhefen auf dem Gärgut vermehren, kann man auch die Oberfläche im Glas salzen. Dadurch werden die Hefen in ihrem Wachstum gehemmt. Allerdings wird die Lake salziger.

Variante Zum Wirsing passen auch sehr gut Porree oder Zwiebeln. Für eine exotische Würzvariante können Sie auch 1 Teelöffel Kreuzkümmel zufügen. Probieren Sie einfach aus, welche Kombinationen Ihnen am besten zusagen. Solange Sie sich an die angegebenen Zutatenmengen im richtigen Verhältnis zueinander halten, kann eigentlich nichts schief gehen. Auch ist es nicht notwendig, ausschließlich Gläser der angegebenen Größe zu verwenden. Wichtig ist nur, dass das Gärgut immer mit Lake bedeckt ist, damit es nicht verdirbt.

Milchsaurer Kohlrabi

Für 1 Glas à 1 Liter

- 1 kg Kohlrabi
- 1 Bund Petersilie oder Rucola

Lake:

- 1 l lauwarmes Wasser
- 20 g (4 TL) Salz

Zubereitungszeit: 30 Minuten
Gärzeit: 8–10 Tage

1 Das Glas heiß ausspülen und auf einem sauberen Geschirrtuch abtropfen lassen.
2 Den Kohlrabi waschen und putzen. Die kleinen Herzblätter abtrennen und hacken. Den Kohlrabi schälen und in hauchdünne Scheiben hobeln oder in dünne Stifte schneiden. Petersilie oder Rucola waschen, trocknen und grob schneiden.
3 Für die Lake das Wasser mit Salz verrühren.
4 Kohlrabi, Blätter und Kräuter fest in das Glas drücken. Gemüse mit Lake bedecken, mit einem Abstandhalter herunterdrücken. Das Glas verschließen.
5 Den Kohlrabi 8 bis 10 Tage vergären lassen. Danach an einem kühlen Ort aufbewahren.

Pro Glas
1446/346 kJ/kcal • 21 g Eiweiß
1 g Fett • 61 g Kohlenhydrate
15 g Ballaststoffe

Würzige Schmorzwiebelchen

Für 1 Glas à 500 Milliliter

- 500 g Schalotten, ersatzweise kleine Zwiebeln
- 1 EL Zucker

Lake:

- ¼ l lauwarmes Wasser
- 10 g (2 TL) Salz

Zubereitungszeit: 30 Minuten
Gärzeit: 10–15 Tage

1 Das Glas heiß ausspülen und auf einem sauberen Geschirrtuch abtropfen lassen.
2 Die Schalotten abziehen und mit einer Gabel einstechen. Den Zucker erhitzen, bis er flüssig wird. Mit ¼ l Wasser ablöschen und die Hälfte der Schalotten darin 5 bis 7 Minuten zugedeckt dünsten.
3 Für die Lake das Wasser mit Salz verrühren. Die gedünsteten Schalotten mit der Zuckerlösung in das Glas füllen, die rohen Schalotten dazumischen. Die Lake darüber gießen.
4 Das Glas verschließen und die Zwiebeln 10 bis 15 Tage vergären lassen. Nach abgeschlossener Gärung das Glas an einem kühlen Ort aufbewahren.

Pro Glas
2015/482 kJ/kcal • 12 g Eiweiß
0 g Fett • 105 g Kohlenhydrate
3 g Ballaststoffe

Info Zwiebeln brauchen etwas länger, bis sie vergoren sind, denn zu kurz vergorene Zwiebeln können bitter schmecken.

Milchsaurer Blumenkohl

Für 2 Gläser à 1 Liter

- 1 Blumenkohl (etwa 1 kg)
- 1 TL Zitronensaft
- 1 Prise Salz

Lake:

- 1 l lauwarmes Wasser
- 20 g (4 TL) Salz
- 4 Lorbeerblätter
- 1–2 TL Currypulver

Zubereitungszeit: 30 Minuten
Gärzeit: 8–10 Tage

1 Die Gläser heiß ausspülen und auf einem sauberen Küchentuch abtropfen lassen.

2 Den Blumenkohl waschen und putzen. Den Kopf in kleine Röschen zerteilen. Den Strunk schälen und fein würfeln.

3 Für die Lake 1 Liter lauwarmes Wasser mit Salz verrühren. Die Lorbeerblätter einlegen und das Currypulver unterrühren.

4 Den Blumenkohl in die Gläser schichten und vorsichtig eindrücken, dabei die Röschen nicht verletzen. Die Lake über das eingeschichtete Gemüse gießen, dabei darauf achten, dass der Blumenkohl vollständig mit Flüssigkeit bedeckt ist.

5 Das Gemüse jeweils mit einem Abstandhalter herunterdrücken – es soll etwa 4 Zentimeter unter dem Glasrand stehen – und die Gläser verschließen.

6 Den Blumenkohl 8 bis 10 Tage bei Zimmertemperatur vergären lassen. Nach Bedarf die Gläser in den ersten Tagen der Gärung kurz aufmachen, um den durch die Gasbildung entstandenen Druck abzulassen. Sofort wieder verschließen. Nach abgeschlossener Gärung die Gläser an einem kühlen Ort aufbewahren.

Pro Glas
643/154 kJ/kcal • 12 g Eiweiß
2 g Fett • 21 g Kohlenhydrate
13 g Ballaststoffe

Tipp Wenn Sie von eingelegtem Gemüse noch viel Flüssigkeit im Glas haben, so schneiden Sie einfach frische Gemüse hinein und schon kann die Gärung wieder beginnen.

Tipp Der Blumenkohl nach diesem Rezept bleibt schön knackig. Wenn Sie ihn etwas weicher möchten, blanchieren Sie den gewaschenen und zerkleinerten Kohl 2 bis 3 Minuten in Salzwasser. Das Blanchierwasser können Sie dann für die Lake nehmen.

Variante So können Sie auch Brokkoli milchsauer vergären.

Milchsaure Sprossen

1 Die Sprossen abspülen. 1 Liter Wasser aufkochen, salzen und die Sprossen darin 1 bis 3 Minuten blanchieren. In einem Sieb abgießen, dabei das Wasser auffangen. Die Sprossen in das gespülte Glas schichten.

2 Für die Lake das lauwarme Blanchierwasser mit Salz verrühren und die Sprossen damit bedecken.

3 Einen Abstandhalter obenauf setzen und das Glas verschließen. Gemüse bei Zimmertemperatur 5 bis 6 Tage vergären lassen. Danach kühl aufbewahren.

Pro Glas

488/356 kJ/kcal • 30 g Eiweiß
7 g Fett • 37 g Kohlenhydrate
6 g Ballaststoffe

Tipp Milchsaure Sprossen passen gut in Salate und zu thailändischen oder chinesischen Rezeptzubereitungen.

Für 1 Glas à 750 Milliliter

- 500 g frische Sojasprossen/Mungobohnensprossen (siehe Seite 33)
- 1 Prise Salz

Lake:

- 1/2 l Blanchierwasser
- 10 g (2 TL) Salz
- 10 g (2 TL) Milchzucker, ersatzweise Zucker
- 1 TL Sauergemüse-Fermentpulver

■ **Zubereitungszeit: 20 Minuten**
Gärzeit: 5–6 Tage

Sprossen kann man auch selbst in einem Keimgerät oder Weckglas zum Keimen bringen. Nach 3–4 Tagen sind sie für die Vergärung fertig.

Für 2 Gläser à 1 Liter

- 1 kg kleine Gartengurken
- 1 Zwiebel

Lake:

- 1 l lauwarmes Wasser
- 30–40 g Salz
- 1–2 TL Essig
- je 1 TL Dill, Senfkörner, Piment
- 1 TL gehackte Chilischote
- 1 TL gehackte Ingwerwurzel

Zubereitungszeit: 30 Minuten
Gärzeit: 10–14 Tage

Diese Gurkenkonserve ist auch unter dem Namen Salzgurken bekannt, da früher zum Einlegen der Gurken ein wesentlich höherer Salzanteil verwendet wurde. Sie halten sich im Kühlschrank zwei bis drei Monate.

Milchsaure Gurken

1 Die Gläser heiß ausspülen und auf einem sauberen Geschirrtuch abtropfen lassen.

2 Die Gurken waschen, putzen und bürsten. Die Zwiebel abziehen und in Spalten schneiden. Die Gurken senkrecht zusammen mit den Zwiebeln fest in ein Einmachglas schichten, dabei das Glas nur etwa zu drei Vierteln füllen.

3 Für die Lake das Wasser mit Salz und Essig verrühren. Die Gewürze dazugeben und die Lake über die Gurken gießen.

4 Je einen Abstandhalter (siehe Seite 15) auf die Gurken drücken und die Gläser fest verschließen.

5 Die Gurken 10 bis 14 Tage vergären lassen. In den ersten Tagen die Gläser einmal ganz kurz öffnen, um den entstandenen Druck abzulassen. Sofort wieder verschließen, damit keine Luft (Sauerstoff) eindringen kann. Die Gärung ist abgeschlossen, sobald keine Bläschen mehr im Glas aufsteigen und sich die Flüssigkeit wieder klärt. Das milchsaure Gemüse anschließend an einem kühlen Ort aufbewahren.

Pro Glas
439/105 kJ/kcal • 4 g Eiweiß
1 g Fett • 18 g Kohlenhydrate
6 g Ballaststoffe

Tipp Entnehmen Sie das fertige Gemüse immer mit einem sauberen Besteck, damit keine Fremdkeime in das Glas gelangen. Drücken Sie das restliche Gemüse wieder ins Glas, damit die Oberfläche mit der Flüssigkeit bedeckt ist. Sollte die Flüssigkeit nicht mehr ausreichen, lösen Sie 1/2 Teelöffel Salz in 1/4 Liter lauwarmem Wasser auf und gießen diese Lake auf das Gemüse.

Info Für dieses Rezept eignen sich am besten die kleinen Einmachgurken, die im Sommer auf den Gemüsemärkten angeboten werden. Außerhalb der Erntezeit können Sie dieses Rezept auch mit Schlangengurken zubereiten, die in 1 bis 2 Zentimeter dicke Stücke geschnitten werden.

Senfgurken

Für 4 Gläser à 500 Milliliter

- 2 kg Salat- oder Einmachgurken
- einige frische Dillblüten
- 2–3 Chilischoten
- 4 cm Ingwerwurzel
- 1 EL Senfkörner

Lake:

- 2 l lauwarmes Wasser
- 60–80 g Salz
- 2 TL Essig

Zubereitungszeit: 30 Minuten
Gärzeit: 10–14 Tage

1 Die Gläser heiß ausspülen und auf einem frischen Küchentuch abtropfen lassen.

2 Die Gurken waschen, schälen, längs halbieren und die Samen mit einem kleinen Löffel ausschaben. Die Gurkenhälften in mundgerechte Stücke schneiden.

3 Die Dillblüten und die Chilischoten waschen und trockentupfen. Von den Chilischoten Stielansätze, Samen und Scheidewände entfernen und das Fruchtfleisch grob zerkleinern. Den Ingwer schälen und in kleine Stücke schneiden.

4 Für die Lake das Wasser mit Salz und Essig verrühren.

5 Die Gurken, die Dillblüten, Ingwer- und Chilistückchen in die Gläser schichten. Die Senfkörner darüber streuen.

6 Die Lake über die Gurken gießen; sie müssen damit bedeckt sein. Je einen Abstandhalter auf die Gurken drücken und die Gläser verschließen.

7 Die Gurken bei Zimmertemperatur 10 bis 14 Tage vergären lassen. Wenn die Gärung beendet ist, das Gemüse an einem kühlen Platz aufbewahren.

Pro Glas
296/71 kJ/kcal • 3 g Eiweiß
1 g Fett • 11 g Kohlenhydrate
3 g Ballaststoffe

Tipp Mit ihrem erfrischenden Geschmack passen Senfgurken sehr gut zu Kochfleisch und Meerrettich. Rezepte aus vergangenen Zeiten schlugen vor, zwischen die Senfgurken auch Sauerkirsch- oder Weinblätter, Estragon und Lorbeerblätter einzuschichten. Auch wurde der Hinweis ausgesprochen, die Gurken mit Meerrettichstückchen pikant zu würzen. Gleichzeitig bewirken diese Zutaten, dass die Gruken nicht zu weich werden.

Info Für dieses Rezept eignen sich Salat- und Einmachgurken. Das Mark mit den Samen kratzt man in der Regel aus, um ein gleichmäßiges Produkt zu erhalten.

Die Gewürze bringen nicht nur Geschmack, sondern erhöhen auch die Haltbarkeit von Sauergemüse. So verhindern zum Beispiel Senfkörner, Knoblauch und Ingwer, dass sich Schimmelpilze ansiedeln können.

Milchsaure Bohnen

Für 4 Gläser à 500 Milliliter

- 1 kg grüne Bohnen
- 1 Bund Bohnenkraut
- 1 Prise Salz

Lake:

- 1 l lauwarmes Blanchierwasser
- 20–30 g (4–6 TL) Salz
- 1 Prise Zucker
- 2 TL Essig

Zubereitungszeit: 40 Minuten
Gärzeit: 10 Tage

1 Die Gläser heiß ausspülen und abtropfen lassen.

2 Die Bohnen waschen, putzen und abfädeln. Das Bohnenkraut waschen und trockentupfen.

3 Salzwasser aufkochen und die Bohnen darin 3 bis 4 Minuten blanchieren. Abseihen und die Kochflüssigkeit auffangen.

4 Die Bohnen ein- bis zweimal brechen oder durchschneiden und mit dem Bohnenkraut in die Gläser schichten.

5 Für die Lake das Blanchierwasser mit Salz, Zucker und Essig verrühren. Die Bohnen damit bedecken.

6 Die Bohnen mit je einem Abstandhalter herunterdrücken und die Gläser verschließen.

7 Die Bohnen etwa 10 Tage vergären lassen. Nach Bedarf kurz öffnen und Druck ablassen. An einem kühlen Ort aufbewahren.

Pro Glas
359/85 kJ/kcal • 6 g Eiweiß
0 g Fett • 12 g Kohlenhydrate
8 g Ballaststoffe

Tipp Milchsaure Bohnen sind ideal für Salate. Sie schmecken würzig, da sie durch die Gärung viel Geschmack bekommen.

Milchsaure Schnippelbohnen

Für 4 Gläser à 500 Milliliter

- 1 kg grüne Bohnen
- 1 Prise Salz

Lake:

- 1 l lauwarmes Wasser
- 20–30 g (4–6 TL) Salz
- 1 Prise Zucker
- 2 TL Essig

Zubereitungszeit: 40 Minuten
Gärzeit: 10 Tage

1 Die Gläser heiß ausspülen und abtropfen lassen.

2 Bohnen waschen, putzen, abfädeln und schräg schneiden.

3 Salzwasser aufkochen und die Bohnen darin 3 bis 4 Minuten blanchieren. Abgießen und auf einem Tuch trocknen lassen.

4 Für die Lake das Wasser mit Salz, Zucker und Essig verrühren. Die Bohnen in die Gläser schichten und mit Lake bedecken. Je einen Abstandhalter aufsetzen und die Gläser verschließen.

5 Die Bohnen etwa 10 Tage bei Zimmertemperatur vergären lassen. Kühl aufbewahren.

Pro Glas
351/84 kJ/kcal • 6 g Eiweiß
0 g Fett • 12 g Kohlenhydrate
8 g Ballaststoffe

Milchsaurer Spargel

1 Spargel kurz waschen. Die Spargelspitzen unten frisch anschneiden, die ganzen Stangen schälen.

2 Für die Lake das Wasser mit Salz verrühren. Spargel mit den Köpfen nach oben in das gespülte Glas stellen und mit Lake vollständig bedecken.

3 Abstandhalter aufsetzen und das Glas verschließen. Das Gemüse bei Zimmertemperatur 8 bis 10 Tage vergären lassen. Danach kühl aufbewahren.

Pro Glas

551/132 kJ/kcal • 11 g Eiweiß
1 g Fett • 20 g Kohlenhydrate
7 g Ballaststoffe

Tipp Milchsauer vergorener Spargel sind ideal für schnelle kleine Snacks oder kalte Platten, etwa in Schinken eingerollt.

Für 1 Glas à 1 Liter

- 500 g Spargelspitzen oder dünne Spargelstangen

Lake:

- 600 ml lauwarmes Wasser
- 10 g (2 TL) Salz
- Pfefferkörner oder Kräuter nach Belieben

Zubereitungszeit: 30 Minuten
Gärzeit: 8–10 Tage

Heimischen Spargel gibt es nur von März/April bis Ende Juni. Deshalb sollten Sie jetzt genügend »Sauer-Spargel« für den Rest des Jahres herstellen.

Milchsaure Vergärung von Gemüsemischungen

Werden mehrere Gemüsearten miteinander vergoren, spart man nicht nur Zeit bei der Zubereitung von abwechslungsreichen Gerichten, sondern gewinnt auch neue Geschmacksrichtungen.

Paprika-Zucchini-Mix

Für 2 Gläser à 1 Liter

- 500 g Paprikaschoten, rot und gelb
- 500 g Zucchini
- 2 Stängel Dill oder Thymian

Lake:

- 1 l lauwarmes Wasser
- 30 g (6 TL) Salz

■ Zubereitungszeit: 20 Minuten
Gärzeit: 6–7 Tage

1 Die Gläser heiß ausspülen und auf einem sauberen Geschirrtuch abtropfen lassen.

2 Die Paprikaschoten waschen, Stielansätze, Samen und Scheidewände entfernen und das Fruchtfleisch in Streifen oder Stücke schneiden. Die Zucchini waschen, putzen und die Früchte in 1 bis 2 Zentimeter dicke Scheiben schneiden. Dicke Zucchini vorher einmal längs halbieren. Dill oder Thymian waschen und trockentupfen.

3 Für die Lake das Wasser mit Salz verrühren.

4 Die Gemüse abwechselnd mit den Kräuterzweigen in die Gläser schichten. Die Lake so darüber gießen, dass das Gemüse vollständig bedeckt ist.

5 Je einen Abstandhalter fest auf den Gemüsemix drücken und die Gläser verschließen.

6 Das Gemüse bei Zimmertemperatur 6 bis 7 Tage vergären lassen. In den ersten Tagen die Gläser kurz öffnen, damit das entstandene Gas entweichen kann. Nach abgeschlossener Gärung kühl aufbewahren.

Pro Glas
669/160 kJ/kcal • 7 g Eiweiß
1 g Fett • 28 g Kohlenhydrate
8 g Ballaststoffe

Info Bei weichen Gemüsesorten wird etwas mehr Salz zugegeben, so bleibt das Gemüse fester.

Buntes Mischgemüse

Für 3 Gläser à 1 Liter

- 400 g Möhren
- 400 g Knollensellerie
- 400 g Weißkohl
- 1 Prise Salz
- 400 g rote Paprikaschoten
- 2 Zwiebeln
- 4 Knoblauchzehen
- 2 cm frische Ingwerwurzel

Lake:

- 1 1/2 l lauwarmes Wasser
- 20 g (4 TL) Salz

Zubereitungszeit: 30 Minuten
Gärzeit: 6–7 Tage

1 Die Gläser heiß ausspülen und auf einem sauberen Geschirrtuch abtropfen lassen.

2 Die Möhren und den Knollensellerie waschen, dünn schälen und fein raspeln. Den Weißkohl waschen, die Strunkteile entfernen und die Blätter in sehr feine Streifen schneiden oder hobeln. Die zerkleinerten Gemüse in eine Schüssel geben, salzen und einige Minuten stehen lassen, um Saft ziehen zu lassen.

3 Die Paprikaschoten waschen, Stielansätze, Samen und Scheidewände entfernen und das Fruchtfleisch in feine Streifen schneiden. Die Zwiebeln und den Knoblauch abziehen und fein hacken. Paprika, Zwiebeln und Knoblauch unter das andere Gemüse mischen.

4 Den Ingwer schälen und fein über das Gemüse reiben. Die Gemüsemischung leicht stampfen, damit Saft austritt.

5 Für die Lake das Wasser mit Salz verrühren.

6 Die Gemüsemischung bis 4 Zentimeter unter den Rand in die Gläser füllen und mit der Lake vollständig bedecken.

7 Je einen Abstandhalter fest auf die Gemüsemischung drücken und die Gläser verschließen. Das Mischgemüse bei Zimmertemperatur 6 bis 7 Tage vergären lassen, dabei einmal kurz aufmachen, um den Druck abzulassen. Nach abgeschlossener Gärung kühl aufbewahren.

Pro Glas
594/142 kJ/kcal • 6 g Eiweiß
1 g Fett • 26 g Kohlenhydrate
12 g Ballaststoffe

Tipp So erkennen Sie, ob die Hauptgärzeit abgelaufen ist: Es sind keine Bläschen mehr zu sehen, und die Flüssigkeit klärt sich wieder. Dann sollten Sie die Gläser an einen kühleren Ort stellen.

Info Die Gärzeit ist abhängig von der Temperatur und der Menge der zugesetzten Lake. Probieren Sie zwischendurch. Wenn Sie zufrieden sind, beenden Sie die Gärung, indem Sie das Gemüse in den Kühlschrank stellen.

Rohkostsalat mit Wirsing

Für 3 Gläser à 1 Liter

- 500 g Wirsing
- 10 g (2 TL) Salz
- 250 g Knollensellerie
- 250 g Zwiebeln
- 250 g Paprikaschoten, rot oder gelb
- 1/2 TL Kümmel oder Kreuzkümmel

Lake:

- 1 l lauwarmes Wasser
- 10 g (2 TL) Salz
- 2 TL Essig

■ **Zubereitungszeit: 30 Minuten**
Gärzeit: 8–10 Tage

1 Die Gläser heiß ausspülen und abtropfen lassen.
2 Den Wirsing waschen, putzen und die Strunkteile entfernen. Die Blätter in feine Streifen schneiden und in einer Schüssel mit dem Salz mischen.
3 Sellerie waschen, schälen und fein raspeln. Zwiebel abziehen und in Scheiben schneiden. Paprikaschoten waschen, putzen und klein schneiden.
4 Das Gemüse mit dem Wirsing und dem Kümmel mischen und in die Gläser drücken.
5 Für die Lake das Wasser mit Salz und Essig verrühren und das Gemüse damit bedecken.
6 Je einen Abstandhalter aufsetzen, die Gläser verschließen. Das Gemüse etwa 8 Tage bei Zimmertemperatur vergären lassen. Kühl aufbewahren.

Pro Glas
597/143 kJ/kcal • 8 g Eiweiß
1 g Fett • 24 g Kohlenhydrate
11 g Ballaststoffe

Tipp Variieren Sie dieses Rezept mit verschiedenen Gewürzen. Kümmel würzt traditionell, während der Kreuzkümmel eine raffinierte exotische Geschmacksrichtung liefert.

Radieschen mit Kräutern

Für 1 Glas à 600 ml

- 250 g Radieschen
- 1 Bund Rucola oder Petersilie

Lake:

- 1/2 l Wasser
- 10 g (2 TL) Salz

■ **Zubereitungszeit: 20 Minuten**
Gärzeit: 5–6 Tage

1 Das Glas heiß ausspülen und abtropfen lassen.
2 Radieschen unter fließend kaltem Wasser waschen und in Scheiben oder Viertel schneiden. Rucola oder Petersilie waschen und trocknen. Alles in das Glas schichten.
3 Für die Lake Wasser und Salz verrühren und das Gemüse damit bedecken.
4 Abstandhalter aufsetzen und das Glas verschließen. Die Radieschen 5 bis 6 Tage bei Zimmertemperatur vergären lassen. Kühl aufbewahren.

Pro Glas
351/84 kJ/kcal • 3 g Eiweiß
0 g Fett • 17 g Kohlenhydrate
4 g Ballaststoffe

Möhren mit Fenchel

Für 3 Gläser à 500 Milliliter

- 600 g Fenchelknollen
- 1 TL Salz
- 600 g Möhren
- 1/2 TL Fenchelsamen

Lake:

- 1 l lauwarmes Wasser
- 20 g (4 TL) Salz
- 1 Prise Zucker

■ **Zubereitungszeit: 30 Minuten**
Gärzeit: 6–7 Tage

1 Die Gläser heiß ausspülen und abtropfen lassen.

2 Die Fenchelknollen waschen und putzen. Längs halbieren, in 2 bis 3 Millimeter feine Streifen hobeln und salzen.

3 Die Möhren waschen, dünn schälen und in 2 bis 3 Millimeter feine Scheiben hobeln.

4 Möhrenscheiben, Fenchelstreifen und -samen mischen und in die Gläser drücken. Für die Lake das Wasser mit Salz und Zucker verrühren und das Gemüse damit bedecken.

5 Je einen Abstandhalter einsetzen, die Gläser verschließen. Das Gemüse 6 bis 7 Tage bei Zimmertemperatur vergären lassen. Sobald die Flüssigkeit klar wird, kühl stellen.

Pro Glas
568/136 kJ/kcal • 7 g Eiweiß
1 g Fett • 24 g Kohlenhydrate
13 g Ballaststoffe

Rettich mit Möhren

Für 2 Gläser à 750 Milliliter

- 500 g weißer Rettich
- 250 g Möhren
- 1 Prise Salz

Lake:

- 1/2 l lauwarmes Wasser
- 10–15 g Salz
- 1 Prise Zucker

■ **Zubereitungszeit: 20 Minuten**
Gärzeit: 8–10 Tage

1 Die Gläser heiß ausspülen und auf einem sauberen Geschirrtuch abtropfen lassen.

2 Rettich und Möhren waschen, dünn schälen und dabei alle unschönen Stellen großzügig wegschneiden. Die Wurzeln fein raspeln und in eine Schüssel geben. Salzen, das Gemüse etwas stampfen und einige Minuten ziehen lassen.

3 Für die Lake das Wasser mit Salz und Zucker verrühren.

4 Rettich und Möhren fest in die Gläser schichten und mit der Lake übergießen; die Gemüsemischung muss ganz mit Flüssigkeit bedeckt sein.

5 Je einen Abstandhalter aufsetzen, die Gläser verschließen.

6 Das Gemüse bei Zimmertemperatur 8 bis 10 Tage vergären lassen. Sobald die Flüssigkeit wieder klar wird, die Gläser an einem kühlen Ort aufbewahren.

Pro Glas
514/123 kJ/kcal • 5 g Eiweiß
1 g Fett • 23 g Kohlenhydrate
11 g Ballaststoffe

Rote Bete mit Meerrettich

Für 2 Gläser à 750 Milliliter

- 500 g Rote Bete
- 200 g frischer Meerrettich
- 1 Prise Salz

Lake:

- 1 l lauwarmes Wasser
- 20 g (4 TL) Salz
- 1 Prise Zucker

■ **Zubereitungszeit: 30 Minuten**
Gärzeit: 12–14 Tage

1 Die Gläser heiß ausspülen und abtropfen lassen.

2 Die Rote Bete waschen, putzen, schälen und fein raspeln. Den Meerrettich schälen und zu den Roten Beten reiben. Das Gemüse salzen, stampfen und etwas ziehen lassen.

3 Für die Lake das Wasser mit Salz und Zucker verrühren.

4 Das Gemüse fest in die Gläser drücken und mit der Lake bedecken. Je einen Abstandhalter auf das Gemüse setzen und die Gläser verschließen.

5 Die Gemüsemischung bei Zimmertemperatur 12 bis 14 Tage vergären lassen, dabei nach Bedarf kurz öffnen, um den Druck abzulassen. Danach das Gemüse kühl aufbewahren.

Pro Glas
811/194 kJ/kcal • 7 g Eiweiß
0 g Fett • 38 g Kohlenhydrate
17 g Ballaststoffe

Pilze mit Frühlingszwiebeln

Für 2 Gläser à 500 Milliliter

- 250 g Champignons
- 2 Knoblauchzehen
- 100 g Frühlingszwiebeln oder Lauch
- 2 Zweige frischer Dill
- 1 Messerspitze Anissamen

Lake:

- 1/2 l Wasser
- 20 g (4 TL) Salz

■ **Zubereitungszeit: 20 Minuten**
Gärzeit: 8 Tage

1 Die Gläser heiß ausspülen und abtropfen lassen.

2 Pilze abspülen, putzen und vierteln. Knoblauch abziehen und würfeln. Frühlingszwiebeln waschen, putzen und in Ringe schneiden. Dill waschen, und fein schneiden.

3 Für die Lake Wasser mit Salz verrühren. Die Pilz-Gemüsemischung, Dill und Samen in die Gläser füllen und mit Lake bedecken.

4 Je einen Abstandhalter aufsetzen und die Gläser verschließen. Die Pilze bei etwa 18 Grad vergären lassen. Danach kühl aufbewahren.

Pro Glas
368/89 kJ/kcal • 4 g Eiweiß
0 g Fett • 16 g Kohlenhydrate
4 g Ballaststoffe

Tipp Die Pilze sollten bei etwas kühlerer Zimmertemperatur (18–20 °C) als andere Ansätze vergären, zum Beispiel im Keller.

Wirsing mit Paprika und Zwiebeln

Für 2 Gläser à 750 Milliliter

- 500 g Wirsing
- 1 TL Salz
- 100 g Frühlingszwiebeln
- 200 g rote Paprikaschote
- 2 Salbeiblätter

Lake:

- 1 l lauwarmes Wasser
- 20 g (4 TL) Salz

Zubereitungszeit: 30 Minuten
Gärzeit: 8–10 Tage

1 Die Gläser heiß spülen und abtropfen lassen.
2 Den Wirsing waschen, putzen, halbieren und den Strunk keilförmig ausschneiden. Die Blätter in feine Streifen schneiden. Salzen, einige Minuten ziehen lassen und etwas stampfen.
3 Gemüse waschen und putzen. Frühlingszwiebeln in Ringe, Paprikaschote in kleine Würfel und Salbeiblätter in Streifen schneiden. Zum Wirsing geben.
4 Für die Lake das Wasser mit Salz verrühren. Die Gemüsemischung in die Gläser füllen und die Lake darüber gießen.
5 Je einen Abstandhalter aufsetzen und die Gläser verschließen. Die Wirsingmischung 8 bis 10 Tage bei Zimmertemperatur vergären lassen. Die Gläser kühl aufbewahren.

Pro Glas
698/167 kJ/kcal • 9 g Eiweiß
1 g Fett • 28 g Kohlenhydrate
10 g Ballaststoffe

Rotkohl mit Sellerie

Für 1 Glas à 1 Liter

- 500 g Rotkohl
- 1 TL Salz
- 200 g Knollensellerie

Lake:

- 1/4 l lauwarmes Wasser
- 5 g (1 TL) Salz
- 1 Prise Zucker

Zubereitungszeit: 20 Minuten
Gärzeit: 8–10 Tage

1 Das Glas heiß ausspülen und abtropfen lassen.
2 Den Rotkohl waschen, putzen und vierteln. Die Strunkteile ausschneiden, den Kohl fein hobeln. Salzen und ziehen lassen.
3 Den Sellerie putzen, schälen, fein raspeln und unter die Krautstreifen mischen. Die Gemüsemischung etwas stampfen und einige Minuten ziehen lassen, bis Saft austritt.
4 Für die Lake Wasser, Salz und Zucker verrühren. Die Rotkohlmischung in das Glas bis 4 Zentimeter unter den Rand einfüllen und gut festdrücken.
5 Das Gemüse mit einem Abstandhalter beschweren und das Glas verschließen. Die Rotkohlmischung bei Zimmertemperatur 8 bis 10 Tage vergären lassen. Nach abgeschlossener Gärung kühl aufbewahren.

Pro Glas
694/166 kJ/kcal • 11 g Eiweiß
1 g Fett • 26 g Kohlenhydrate
16 g Ballaststoffe

Für 2 Gläser à 1 Liter

- 500 g Brokkoli
- 500 g Blumenkohl
- 1 Prise Salz

Lake:

- 1 l lauwarmes Blanchierwasser
- 20 g (4 TL) Salz
- 1 EL Essig
- 4 Lorbeerblätter
- 1–2 TL Currypulver

- **Zubereitungszeit: 30 Minuten**
  Gärzeit: 8–10 Tage

Das Gemüse bleibt knackiger, wenn Sie es nicht blanchieren.

Brokkoli-Blumenkohl-Mix

1 Die Gläser heiß ausspülen und abtropfen lassen.

2 Brokkoli und Blumenkohl waschen, putzen und Röschen teilen. Brokkoli leicht salzen. Den Strunk schälen und würfeln.

3 Blumenkohl und Strunkteile in 2 Litern kochendem Wasser 1–2 Minuten blanchieren. Abgießen, das Wasser auffangen. Abwechselnd Brokkoli und Blumenkohl in die Gläser schichten.

4 Für die Lake 1 Liter Blanchierwasser mit Salz und Essig verrühren. Lorbeer und Curry zufügen.

5 Das Gemüse mit der Lake bedecken. Je einen Abstandhalter aufsetzen, Gläser schließen.

6 Das Gemüse 8 bis 10 Tage vergären lassen. Danach kühl aufbewahren.

Pro Glas

660/158 kJ/kcal • 14 g Eiweiß
1 g Fett • 21 g Kohlenhydrate
15 g Ballaststoffe

Mehr brauchen Sie nicht für die Mixed-Pickles der besonderen Art: Brokkoli, Blumenkohl, Salz und lauwarmes Wasser.

Wurzelgemüse mit Lauch

1 Die Gläser heiß ausspülen und abtropfen lassen.

2 Die Petersilienwurzeln und die Möhren waschen, dünn schälen und raspeln. Den Lauch längs halbieren, waschen, putzen und in Streifen schneiden. Den Ingwer schälen und fein hacken. Alles vermischen.

3 Für die Lake das Wasser mit Salz verrühren.

4 Das Gemüse fest in die Gläser bis etwa 4 Zentimeter unter den Rand drücken. Die Lake darüber gießen und das Gemüse vollständig damit bedecken.

5 Je einen Abstandhalter auf das Gemüse drücken und die Gläser verschließen. Das Wurzelgemüse mit Porree 12 bis 14 Tage vergären lassen. Anschließend kühl aufbewahren.

Pro Glas
472/113 kJ/kcal • 8 g Eiweiß
1 g Fett • 17 g Kohlenhydrate
11 g Ballaststoffe

Für 2 Gläser à 750 Milliliter

- 250 g Petersilienwurzel, ersatzweise Pastinaken
- 250 g Möhren
- 250 g Lauch
- 2 cm frische Ingwerwurzel

Lake:

- 1/2 l lauwarmes Wasser
- 10 g (2 TL) Salz

■ **Zubereitungszeit:** 30 Minuten
Gärzeit: 12–14 Tage

Tipp Richten Sie das Sauergemüse mit gehackter Petersilie an.

Milchsaurer Zwiebel-Lauch-Mix

1 Die Gläser heiß ausspülen und abtropfen lassen. Zwiebeln abziehen, in Scheiben schneiden und salzen. Den Lauch längs durchschneiden, waschen, putzen und in 1 Zentimeter breite Streifen schneiden. Unter die Zwiebeln mischen. Das Gemüse mit Kräutern würzen und in die Gläser drücken.

2 Für die Lake Wasser und Salz verrühren und das Gemüse damit bedecken.

3 Mit je einem Abstandhalter die Zutaten herunterdrücken und die Gläser verschließen.

4 Das Gemüse bei Zimmertemperatur etwa 10 Tage vergären lassen. Nach abgeschlossener Gärung kühl aufbewahren.

Pro Glas
769/184 kJ/kcal • 8 g Eiweiß
1 g Fett • 33 g Kohlenhydrate
16 g Ballaststoffe

Für 2 Gläser à 750 Milliliter

- 500 g Zwiebeln
- 1 Prise Salz
- 500 g Lauch
- 1 Prise Majoran oder Thymian

Lake:

- 1 l lauwarmes Wasser
- 20 g (4 TL) Salz

■ **Zubereitungszeit:** 20 Minuten
Gärzeit: 10 Tage

Sprossen mit Möhren

Für 1 Glas à 1 Liter

- 250 g frische Sprossen
- 250 g Möhren
- 4 cm frische Ingwerwurzel

Lake:

- 1/2 l lauwarmes Wasser
- 10 g (2 TL) Salz

Zubereitungszeit: 20 Minuten
Gärzeit: 10 Tage

1 Das Glas heiß ausspülen und abtropfen lassen.
2 Die Keimlinge waschen und trocknen. Die Möhren waschen, dünn schälen und fein raspeln. Die Ingwerwurzel dünn schälen und klein hacken. Alles vermischen und in das Glas drücken.
3 Für die Lake das Wasser mit Salz verrühren und die Gemüsemischung damit bedecken.
4 Einen Abstandhalter aufsetzen und das Glas verschließen.
5 Das Gemüse bei Zimmertemperatur etwa 10 Tage vergären lassen. Nach abgeschlossener Gärung kühl aufbewahren.

Pro Glas
886/212 kJ/kcal • 11 g Eiweiß
1 g Fett • 37 g Kohlenhydrate
10 g Ballaststoffe

Tipp Möhren sollten beim milchsauren Einlegen geschält werden, um zu verhindern, dass Erdreste in das Glas gelangen.

Milchsaurer Kürbis mit Apfel

Für 2 Gläser à 2 Liter

- 2–3 säuerliche Äpfel
- 2 kg Kürbis
- 2 Bund Dill
- 2 EL Rosinen
- 5 cm frische Ingwerwurzel
- 4 Stangen Zimt

Lake:

- 2 l Wasser
- 40 g (8 TL) Salz

Zubereitungszeit: 40 Minuten
Gärzeit: 8–10 Tage

1 Die Gläser heiß ausspülen und abtropfen lassen.
2 Äpfel und Kürbis schälen und entkernen. Das Fruchtfleisch in 2 Zentimeter große Stücke schneiden. Den Dill waschen und trocknen. Die Rosinen mit ¼ Liter kochendem Wasser überbrühen. Den Ingwer schälen und in feine Stücke schneiden. Kürbis- und Apfelstücke abwechselnd mit Dill, Rosinen, Ingwer und Zimt in die Gläser schichten.
3 Für die Lake das Wasser mit Salz verrühren und die Kürbismischung damit bedecken.
4 Mit je einem Abstandhalter das Gemüse in die Gläser drücken und diese verschließen. Das Gemüse bei Zimmertemperatur 8 bis 10 Tage vergären lassen. Nach abgeschlossener Gärung kühl aufbewahren.

Pro Glas
1329/318 kJ/kcal • 11 g Eiweiß
1 g Fett • 63 g Kohlenhydrate
6 g Ballaststoffe

Gewürzter Staudensellerie

Für 2 Gläser à 500 Milliliter

- 500 g Staudensellerie
- 1 TL Salz
- 2 Zwiebeln
- 1 Bund Petersilie
- einige Sellerieblätter

Lake:

- 1 l lauwarmes Wasser
- 15 g Salz

Zubereitungszeit: 30 Minuten
Gärzeit: 6–8 Tage

1 Die Gläser heiß ausspülen und auf einem sauberen Geschirrtuch abtropfen lassen.
2 Den Sellerie waschen, die Fäden abziehen und die Stangen in 5 Millimeter breite Stücke schneiden. In eine Schüssel geben und salzen.
3 Die Zwiebeln abziehen und in Scheiben schneiden. Die Petersilie und die Sellerieblätter waschen und fein hacken. Beides unter den Sellerie mischen.
4 Für die Lake Wasser und Salz verrühren.
5 Das Gemüse in die Gläser füllen, fest eindrücken und mit Lake bedecken.
6 Einen Abstandhalter auf das Gemüse drücken und die Gläser verschließen. Den Sellerie bei Zimmertemperatur etwa 6 bis 8 Tage vergären lassen. Anschließend kühl aufbewahren.

Pro Glas
522/125 kJ/kcal • 5 g Eiweiß
1 g Fett • 23 g Kohlenhydrate
9 g Ballaststoffe

Tipp Eine sehr vielseitige Gemüsekombination, die fein gehackt z. B. in die Schmorbratensauce passt.

Kleine Tomaten mit Schalotten

Für 1 Glas à 750 Milliliter

- 250 g Kirschtomaten
- einige Basilikumblätter
- 50 g kleine Schalotten

Lake:

- 300 ml lauwarmes Wasser
- 5 g (1 TL) Salz
- 1 Prise Zucker

Zubereitungszeit: 10 Minuten
Gärzeit: 8–10 Tage

1 Das Glas heiß ausspülen und abtropfen lassen.
2 Die Tomaten waschen und die Stielansätze entfernen. Das Basilikum waschen und trockentupfen. Die Schalotten abziehen. Schalotten und Tomaten mit einer Gabel anstechen.
3 Für die Lake alle Zutaten miteinander verrühren.
4 Alles ins Glas schichten und mit der Lake bedecken.
5 Einen Abstandhalter aufsetzen und das Glas verschließen. Die Gemüsemischung 8 bis 10 Tage bei Zimmertemperatur vergären lassen. Danach kühl aufbewahren.

Pro Glas
434/104 kJ/kcal • 4 g Eiweiß
0 g Fett • 20 g Kohlenhydrate
5 g Ballaststoffe

Mixed Pickles

Für 1 Glas à 2 Liter

- 200 g Blumenkohl, frisch oder tiefgefroren
- 200 g Möhren
- 200 g Gurken
- 200 g Paprikaschoten, gelb oder rot
- 200 g Schalotten

Lake:

- 1 l lauwarmes Wasser
- 20 g (4 TL) Salz

Zubereitungszeit: 30 Minuten
Gärzeit: 8–10 Tage

1 Das Glas heiß ausspülen und auf einem sauberen Geschirrtuch abtropfen lassen.

2 Den Blumenkohl waschen, putzen und in Röschen teilen. 1 Liter Wasser aufkochen und den Blumenkohl darin 1 bis 2 Minuten blanchieren. In ein Sieb abgießen, dabei das Kochwasser auffangen.

3 Möhren, Gurken und Paprikaschoten waschen und putzen. Die Möhren dünn schälen und in 4 Millimeter, Gurke in 2 Zentimeter dicke Scheiben, Paprika in Stücke schneiden.

4 Das Gemüse in das Glas schichten. Für die Lake Wasser und Salz verrühren und das Gemüse damit bedecken.

5 Einen Abstandhalter auf das Gemüse drücken und das Glas verschließen. Die Mixed Pickles bei Zimmertemperatur 8 bis 10 Tage vergären lassen. Kühl aufbewahren.

Pro Glas
1260/300 kJ/kcal • 13 g Eiweiß
3 g Fett • 79 g Kohlenhydrate
24 g Ballaststoffe

Gemüseketchup

Für 2 Gläser/Flaschen à 500 Milliliter

- 400 g Zucchini
- 2 Paprikaschoten, gelb oder grün
- 50 g Staudensellerie
- 1 Zwiebel
- 2 Knoblauchzehen
- 1/4 l Wasser
- 10 g (2 TL) Salz
- 1 Prise Zucker

Zubereitungszeit: 20 Minuten
Gärzeit: 4–6 Tage

1 Die Gefäße heiß ausspülen und abtropfen lassen.

2 Das Gemüse waschen und putzen. Zwiebel und Knoblauch abziehen. Alles grob zerteilen.

3 Diese Zutaten mit Wasser, Salz und Zucker im Mixer fein pürieren.

4 Das Püree bis 4 Zentimeter unter den Rand in die Gefäße füllen und diese verschließen.

5 Den Gemüseketchup bei Zimmertemperatur 3 bis 5 Tage vergären lassen. Nach abgeschlossener Gärung an einem kühlen Ort aufbewahren.

Pro Glas
624/150 kJ/kcal • 6 g Eiweiß
1 g Fett • 27 g Kohlenhydrate
8 g Ballaststoffe

Tipp Als Basis für Salatsaucen oder Suppen ideal geeignet auch zu gebratenen Fleisch- und Fischgerichten.

Gemüse groß und klein

1 Die Gefäße heiß spülen und abtropfen lassen.
2 Das Gemüse waschen und putzen. In die Gefäße schichten.
3 Für die Lake Wasser und Salz verrühren und das Gemüse damit bedecken.
4 Mit je einem Abstandhalter in die Gefäße drücken und diese verschließen. Das Gemüse bei Zimmertemperatur 15 bis 20 Tage vergären lassen. Kühl stellen.

Pro Glas
1428/340 kJ/kcal • 13 g Eiweiß
3 g Fett • 89 g Kohlenhydrate
24 g Ballaststoffe

Info Dieses ganz bewusst allgemein gehaltene Rezept verdeutlicht das einfache Prinzip, mit dem Gemüse haltbar gemacht werden kann. Auf diese Weise konservierte man früher gegen Ende der Ernte- oder Lagerzeit noch reichlich vorhandenes Gemüse. Sie können die Zutaten beliebig wählen und auch die Größe der zu vergärenden Stücke selbst bestimmen. Weißkohl, Wirsing, Rotkohl, Rote Bete, Zwiebeln, Petersilienwurzeln, Möhren oder Gurken lassen sich auch in sehr groben Stücken oder sogar im Ganzen gut vergären. Sie benötigen dafür lediglich entsprechend große Gefäße und müssen darauf achten, dass das Gemüse immer mit Lake bedeckt ist. Das so vergorene Gemüse kann in der Lake lange gelagert und erst bei der Zubereitung zerkleinert werden. Ideal ist dieses Rezept auch für die Verwertung von zu klein gebliebenem Gemüse.

Variante milchsaurer Gemüsesaft Wenn Sie einen Entsafter haben, können Sie zentrifugierten Gemüsesaft nach dem gleichen Grundrezept vergären: 1 Liter Gemüseflüssigkeit mit 20 Gramm (4 Teelöffel) Salz vermischen, in Schraubdeckelflaschen (Saftflaschen) füllen und etwa 1 Woche vergären lassen. Nach Bedarf können Sie vor dem Verzehr die Säfte durch Kaffeefilterpapier seihen.

Für 1 Glas à 2 Liter

- 1 kg gemischtes Gemüse in verschiedenen Größen

Lake:

- 1 l lauwarmes Wasser
- 30 g (6 TL) Salz

Zubereitungszeit:
20 Minuten
Gärzeit: 15–20 Tage,
je nach Größe der Gemüse

Gefüllte Paprikaschoten

Für 1 Glas à 2 Liter

- 500 g Spitzkohl oder Wirsing geputzt und geviertelt
- 10 g (2 TL) Salz
- 8 mittelgroße gelbe Spitzpaprikaschoten (600 g)

Lake:

- 1 l Wasser
- 10 g (2 TL) Salz

Zubereitungszeit: 40 Minuten
Gärzeit: 12–14 Tage

1 Vom Kohl den Strunk ausschneiden und den Kohl in sehr feine Streifen schneiden. Salzen, stampfen, kurz ziehen lassen.

2 Die Paprikaschoten waschen, Stielansätze kreisförmig herausschneiden, ohne die Früchte zu verletzen, und die Samen herauskratzen oder ausspülen.

3 Die Kohlstreifen in die Paprikaschoten füllen und gut festdrücken. Die gefüllten Schoten dicht nebeneinander in das gespülte Glas setzen.

4 Für die Lake Wasser mit Salz verrühren. Die Schoten damit bedecken.

5 Auf das Gemüse einen Abstandhalter setzen, das Glas schließen. Bei Zimmertemperatur 12 bis 14 Tage vergären lassen. Danach kühl aufbewahren.

Pro Glas

3353/802 kJ/kcal • 46 g Eiweiß
9 g Fett • 124 g Kohlenhydrate
68 g Ballaststoffe

Die gefüllten Schoten sind eine dekorative und saftige Beilage zu Vesper oder eine besondere Attraktion auf einem kalten Büfett.

Salate und Snacks mit milchsauer vergorenem Gemüse

Milchsauer vergorenes Gemüse ist ein idealer Partner für frische Salate aller Art. Zum Würzen benötigt man keinen oder nur wenig Essig mehr; ein aromatisches kaltgepresstes Öl, einige Kräuter und wenig Salz reichen aus. Kombinieren Sie eingelegte milchsaure Gemüse mit bunten Blattsalaten, das sieht nicht nur gut aus, sondern schmeckt auch gut und ist gesund. Außerdem können Sie durch die milchsaure Vorratshaltung bei der eigentlichen Zubereitung viel Zeit einsparen.

Feldsalat mit Rotkohlstreifen

Für 4 Portionen

- 200 g Feldsalat
- 1 Orange
- 1 Apfel
- 1 kleine Zwiebel
- 1–2 TL Himbeeressig
- 2 EL kaltgepresstes Walnuss- oder Sonnenblumenöl
- Salz, Pfeffer
- 4–6 EL milchsauer vergorener Rotkohl (Seite 38)

Zubereitungszeit: 15 Minuten

1 Den Feldsalat waschen, putzen und abtropfen lassen. Die Orange waschen und so großzügig schälen, dass dabei die weiße Haut mit entfernt wird. Das Fruchtfleisch in Spalten teilen und in etwa 1 Zentimeter große Stücke schneiden.

2 Den Apfel waschen, nach Wunsch schälen, das Kerngehäuse entfernen und das Fruchtfleisch klein schneiden. Die Zwiebel abziehen und in feine Würfel schneiden.

3 Für die Sauce Essig, Öl, Salz und Pfeffer und Zwiebelwürfel miteinander verrühren.

4 Den Rotkohl mit etwas Flüssigkeit in die Salatsauce rühren. Den Feldsalat, die Orange und den Apfel dazugeben und alles miteinander vermengen.

Pro Portion
431/103 kJ/kcal • 2 g Eiweiß
5 g Fett • 10 g Kohlenhydrate
4 g Ballaststoffe

Tipp Diesen fruchtigen Salat können Sie statt mit Orange auch mit Grapefruits, Ananas oder Kiwis zubereiten. Wer möchte, kann auch ein paar frische Walnüsse oder in Butter kross ausgebackene Brotwürfel untermischen, dann wird der Salat etwas gehaltvoller.

Salat mit knusprigen Brotwürfeln

Für 4 Portionen

- 1 Kopf grüner oder roter Blattsalat nach Saison
- 4 EL milchsaures Mischgemüse (Seite 53)
- 1 frische Gurke
- 1 Bund Radieschen
- 1 Knoblauchzehe
- 2 Brotscheiben
- 50 g Champignons
- 6 EL Olivenöl
- 4 Stängel Petersilie

■ **Zubereitungszeit: 30 Minuten**

1 Den Salat waschen, putzen und trocknen. Die Blätter in mundgerechte Stücke zerteilen und in eine Schüssel geben. Das Mischgemüse zufügen.
2 Gurke und Radieschen waschen und in Scheiben schneiden. Beides unter den Salat mischen.
3 Den Knoblauch abziehen und zerdrücken. Die Brotscheiben würfeln. Die Pilze putzen und je nach Größe vierteln.
4 Die Hälfte vom Öl erhitzen und die Brotwürfel mit dem Knoblauch darin unter mehrmaligem Wenden knusprig anbraten. Die Pilze für weitere 3 bis 4 Minuten mitbraten.
5 Die Petersilie waschen, trocknen, fein hacken und mit dem restlichen Öl unter den Salat mischen. Brotwürfel und Pilze darüber geben.

Pro Portion
882/211 kJ/kcal • 3 g Eiweiß
15 g Fett • 13 g Kohlenhydrate
3 g Ballaststoffe

Tipp Sie können in diesem Rezept jeden beliebigen Blattsalat verwenden. Besonders gut eignet sich der Endiviensalat.

Fruchtiger Rote-Bete-Salat

Für 4 Portionen

- 250 g milchsaure Rote Bete (Seite 40)
- 2 Äpfel
- 1 Knoblauchzehe
- 1 TL Honig
- 4 EL kaltgepresstes Sonnenblumenöl
- Salz, Pfeffer
- 50 g Kresse

■ **Zubereitungszeit: 15 Minuten**

1 Die Roten Bete in eine Schüssel geben.
2 Die Äpfel waschen, schälen, das Kerngehäuse entfernen und das Fruchtfleisch auf die Rote Bete raspeln.
3 Die Knoblauchzehe abziehen und durch eine Knoblauchpresse drücken oder mit einem Messerrücken zerdrücken.
4 Den Honig mit dem Öl und dem Knoblauch zu einer Salatsauce verrühren und unter den Salat mischen; mit Salz und Pfeffer würzen.
5 Die Kresse waschen, trockentupfen und über den Salat streuen.

Pro Portion
614/147 kJ/kcal • 1 g Eiweiß
10 g Fett • 11 g Kohlenhydrate
3 g Ballaststoffe

Würziger Sauerkrautsalat

Für 4 Portionen

- 500 g frisches Sauerkraut (Seite 36)
- 2 Äpfel
- 1 kleine Stange Porree
- 4 EL milchsaure Möhren
- 1 TL Zucker
- 2 EL Sauerkrautsaft (Sauergemüse-Flüssigkeit)
- 2 EL Sojasauce
- 4 EL kaltgepresstes Sonnenblumenöl
- 2 EL Sonnenblumenkerne

■ **Zubereitungszeit: 20 Minuten**

1 Das Sauerkraut in einer Schüssel mit einer Gabel auseinander ziehen und lockern.

2 Die Äpfel waschen, vierteln, das Kerngehäuse entfernen und das Fruchtfleisch in feine Streifen schneiden.

3 Den Porree längs durchschneiden, waschen, putzen und in feine Streifen schneiden.

4 Die Apfelstreifen, die milchsauren Möhren und den Porree unter das Sauerkraut mischen.

5 Den Zucker mit Sauerkrautsaft, Sojasauce und Öl verrühren und über den Salat gießen. Alles gut durchmischen und den Salat vor dem Verzehr mindestens 30 Minuten ziehen lassen.

6 Die Sonnenblumenkerne in einer beschichteten Pfanne ohne Fettzugabe unter ständigem Wenden rösten und über den Salat streuen.

Pro Portion
798/191 kJ/kcal • 4 g Eiweiß
12 g Fett • 13 g Kohlenhydrate
6 g Ballaststoffe

Tipp Statt der milchsauren Möhren können Sie eine große frische Möhre verwenden und diese geraspelt in den Salat geben.

Grünkernsalat mit Sauergemüse

Für 4 Portionen

- 200 g Grünkern
- 1/2 l Wasser
- 2 TL gekörnte Gemüsebrühe
- 2 Frühlingszwiebeln
- 1 Bund Radieschen
- 4–6 EL milchsaures Mischgemüse (Seite 53)
- 2–3 EL Sauergemüse-Flüssigkeit
- 4 EL kaltgepresstes Oliven- oder Sonnenblumenöl
- Salz, Pfeffer
- 1 Bund Petersilie

■ **Zubereitungszeit: 60 Minuten**

1 Den Grünkern mit dem Wasser und der Gemüsebrühe aufkochen und bei schwacher Hitze zugedeckt in etwa 40 Minuten ausquellen lassen.

2 Die Frühlingszwiebeln waschen, putzen und in feine Ringe schneiden. Die Radieschen waschen, putzen und in Scheiben schneiden.

3 Beides mit dem Sauergemüse, der Einlegeflüssigkeit und dem Grünkern mischen. Das Öl darüber gießen und den Salat mit Salz und Pfeffer würzen.

4 Die Petersilie waschen, trocknen, fein schneiden und unter den Salat geben.

Pro Portion
1179/282 kJ/kcal • 7 g Eiweiß
11 g Fett • 34 g Kohlenhydrate
5 g Ballaststoffe

Gemüsesalat mit Sardinen

Für 4 Portionen

- 2 mittelgroße Zucchini
- 2 EL Olivenöl
- 1 Dose Ölsardinen, alternativ etwas Räucherfisch
- 4 EL milchsaure Zwiebeln (Seite 45)
- 2 EL milchsaure Paprika (Seite 42)
- 1 Bund glatte Petersilie
- Salz, Pfeffer
- 4–6 Salatblätter

Zubereitungszeit: 30 Minuten

1 Die Zucchini waschen, putzen und in 2 bis 3 Millimeter feine Scheiben schneiden. Die Hälfte des Öls erhitzen und die Zucchini darin unter Rühren in 4 bis 5 Minuten andünsten.

2 Die Sardinen grob zerteilen, dabei nach Bedarf die weichen Gräten entfernen. Das Sauergemüse fein schneiden und mit den Sardinen vermengen.

3 Die Petersilie waschen, trocknen, fein hacken und mit dem restlichen Öl verrühren. Die Zucchini noch lauwarm untermischen. Den Salat mit Salz und Pfeffer würzen.

4 Die Salatblätter waschen, trocknen und auf Teller verteilen. Den Salat darauf anrichten.

Pro Portion
443/106 kJ/kcal • 4 g Eiweiß
8 g Fett • 3 g Kohlenhydrate
1 g Ballaststoffe

Käsesalat mit Radieschen

Für 4 Portionen

- 200 g Schnittkäse, z. B. Emmentaler oder Gouda
- 2 feinsäuerliche Äpfel
- 4 milchsaure Gurken
- 6 EL milchsaure Radieschen (Seite 54)
- 100 g Joghurt
- 2 EL kaltgepresstes Öl
- Salz, Pfeffer
- 1 Bund Schnittlauch

Zubereitungszeit: 20 Minuten

1 Den Käse in Streifen oder Würfel schneiden.

2 Die Äpfel waschen, putzen und das Fruchtfleisch in feine Stifte schneiden. Die Gurken klein würfeln.

3 Käsestücke, Apfelstifte und Gurkenwürfel mit den Radieschen in einer Schüssel vermengen. Den Joghurt und das Öl untermischen.

4 Den Schnittlauch waschen, trocknen, in Röllchen schneiden und unter die Mischung heben. Den Salat mit Salz und Pfeffer würzen.

Pro Portion
1258/301 kJ/kcal • 15 g Eiweiß
21 g Fett • 8 g Kohlenhydrate
2 g Ballaststoffe

Tipp Die würzige rote Einlegeflüssigkeit der Radieschen können Sie gut für Salatsaucen verwenden. Probieren Sie doch auch einmal, wie Ihnen die gesäuerten Radieschen mit etwas von der Einlege-Flüssigkeit auf Mozzarella zu einem Stück knusprigem Weißbrot schmecken.

Heringssalat mit Roten Beten

1 Die Fischfilets unter kaltem Wasser abspülen und in mundgerechte Stücke schneiden.
2 Die Rote Bete und die Gurken fein schneiden.
3 Die Äpfel waschen, putzen und das Fruchtfleisch in feine Stifte schneiden. Die Frühlingszwiebeln waschen, putzen und in Ringe schneiden.
4 Alle vorbereiteten Zutaten mit dem Joghurt und der Crème fraîche vermengen. Mit Salz und Pfeffer würzen.

Pro Portion
1087/260 kJ/kcal • 21 g Eiweiß
12 g Fett • 11 g Kohlenhydrate
3 g Ballaststoffe

Tipp Dazu passt ein kräftiges Vollkornbrot oder Pellkartoffeln.

Für 4 Portionen

- 4 Matjesfilets
- 4–6 EL milchsaure Rote Bete (Seite 40)
- 4 milchsaure Gurken (Seite 48)
- 2 säuerliche Äpfel
- 2–3 Frühlingszwiebeln
- 1 Becher Joghurt (125 g)
- 50 g Crème fraîche
- Salz
- bunter Pfeffer, grob gemahlen

■ **Zubereitungszeit: 30 Minuten**

Endiviensalat mit Räucherfisch

1 Die Eier in 7 bis 8 Minuten hart kochen, kalt abschrecken und pellen.
2 Den Salat waschen, putzen und die Blätter in 1 Zentimeter breite Streifen schneiden. Rucola oder Petersilie waschen und trocknen.
3 Das milchsaure Gemüse fein schneiden. Die Tomaten waschen, die Stielansätze entfernen und das Fruchtfleisch vierteln. Die Frühlingszwiebeln waschen, putzen und in feine Ringe schneiden.
4 Salat, Sauergemüse, Tomaten, Frühlingszwiebeln und Oliven mit dem Öl vermengen.
5 Die Schillerlocken in 1 Zentimeter breite Stücke schneiden und unter den Salat heben. Salzen und pfeffern. Die Eier in Scheiben schneiden und auf dem Salat anrichten.

Pro Portion
1229/294 kJ/kcal • 17 g Eiweiß
21 g Fett • 4 g Kohlenhydrate
3 g Ballaststoffe

Variante Sie können auch jeden beliebigen anderen Blattsalat mit Gemüse und Räucherfisch zubereiten.

Für 4 Portionen

- 2 Eier
- 1 Kopf Endiviensalat
- 1 Bund Rucola oder Petersilie
- 2 milchsaure Gurken (Seite 48)
- 2 EL milchsaurer Staudensellerie (Seite 61)
- 2 EL milchsaure Paprika (Seite 42)
- 2 Tomaten
- 2 Frühlingszwiebeln
- 50 g schwarze oder grüne Oliven
- 4 EL Olivenöl
- 250 g Schillerlocken
- Salz, Pfeffer

■ **Zubereitungszeit: 30 Minuten**

Feldsalat mit Hühnerbrust

Für 4 Portionen

- 100 g Feldsalat (oder andere Blattsalate)
- 100 g Zucchini
- 2 Frühlingszwiebeln
- 4 EL milchsaure Paprika (Seite 42) oder milchsaures Paprika-Zucchini-Gemüse (Seite 52)
- 1 Becher Joghurt (150 g)
- 2 EL Öl
- Salz, Pfeffer
- 1 Hähnchenbrustfilet
- 1 EL Butterschmalz
- 1 TL Currypulver

Zubereitungszeit: 20 Minuten

1 Den Feldsalat waschen, putzen und trocknen. Die Zucchini waschen, putzen und in Scheiben schneiden. Die Frühlingszwiebeln waschen, putzen und in dünne Ringe schneiden.

2 Das milchsaure Gemüse mit Joghurt, Öl, wenig Salz und Pfeffer verrühren.

3 Das Hähnchenbrustfilet unter fließendem kaltem Wasser waschen, trockentupfen und in Würfel schneiden.

4 Das Schmalz erhitzen und das Fleisch darin etwa 5 Minuten von allen Seiten braten.

5 Die Zucchini dazugeben und 2 bis 3 Minuten bei schwacher Hitze mitdünsten. Die Zwiebelringe und das Currypulver einrühren und alles zusammen weitere 2 bis 3 Minuten garen.

6 Den Salat mit der Hähnchen-Gemüse-Mischung auf vier Teller verteilen und mit der Sauergemüsesauce anrichten.

Pro Portion
710/170 kJ/kcal • 11 g Eiweiß
11 g Fett • 4 g Kohlenhydrate
1 g Ballaststoffe

Geflügelsalat mit Spargel und Reis

Für 4 Portionen

- 2 Tassen gekochter kalter Reis
- 1/2 kaltes Brathähnchen
- 8 Radieschen
- 1 Bund Rucola
- 4–6 EL milchsaure Spargelstücke (Seite 51)
- 4 Salatblätter

Sauce:

- 4 EL Sauergemüse-Flüssigkeit
- 1 Becher Joghurt (150 g)
- 1/4 TL Currypulver
- 4 EL kaltgepresstes Öl
- Salz, Pfeffer

Zubereitungszeit: 20 Minuten

1 Reis in eine Schüssel geben. Das Fleisch von den Knochen lösen, klein schneiden. Radieschen waschen, in Scheiben schneiden. Rucola waschen, hacken. Die Spargelstücke in feine Scheiben schneiden. Alles miteinander vermischen.

2 Salatblätter waschen, trocknen und auf vier Teller legen.

3 Alle Zutaten für die Sauce vermischen.

4 Den Salat auf die Blätter setzen. Mit der Sauce beträufeln.

Pro Portion
1885/451 kJ/kcal • 34 g Eiweiß
13 g Fett • 41 g Kohlenhydrate
1 g Ballaststoffe

Variante Dieser Salat schmeckt auch sehr gut mit anderem Sauergemüse wie Fenchel, Sellerie oder Möhren. Als fruchtige Ergänzung bieten sich Ananas oder Kiwis an.

Salat mit Putenstreifen

1 Blattsalat und Rucola waschen, putzen und trocknen. Die Gurke schälen und in dünne Scheiben hobeln. Tomaten waschen, putzen, vierteln. Das Sauergemüse grob hacken, mit Gurke und Tomaten mischen.

2 Fleisch in 1 Zentimeter breite Streifen schneiden. In der Hälfte des Öls 2 bis 3 Minuten anbraten. Frühlingszwiebeln waschen, putzen und in feine Ringe schneiden. Zum Fleisch geben und 2 bis 3 Minuten mitbraten.

3 Mit dem Essig ablöschen und von der Kochstelle nehmen. Mit Salz und Pfeffer würzen.

4 Die Salatblätter zerzupfen und auf vier Teller verteilen. Die Gemüsemischung und die Fleischstreifen auflegen. Rucola hacken und darüber streuen.

Pro Portion

1100/263 kJ/kcal • 15 g Eiweiß
19 g Fett • 4 g Kohlenhydrate
3 g Ballaststoffe

Für 4 Portionen

- 1 Kopf grüner Blattsalat
- 1 Bund Rucola
- 1 kleine Gurke
- 2 Tomaten
- 4 EL milchsaure Radieschen (Seite 54)
- 2 EL milchsaure Paprika (Seite 42)
- 250 g Putenschnitzel
- 2 Frühlingszwiebeln
- 6 EL Olivenöl
- 1 EL Aceto balsamico
- Salz, Pfeffer

Zubereitungszeit: 30 Minuten

Falls Sie kein Putenfleisch verwenden wollen, können Sie auch sehr gut ein festfleischiges Fischfilet wählen. Dazu passend können Sie auch andere milchsaure Gemüsemischungen nehmen und Petersilie statt Rucola zubereiten.

Rindfleischsalat mit Gemüse

Für 4 Portionen

- 200 g kaltes gekochtes Rindfleisch
- 2 EL milchsaure Zwiebeln (Seite 45) oder Zwiebel-Lauch-Mischung (Seite 59)
- 4 EL milchsaure Möhren mit Ingwer (Seite 41)
- 4 EL milchsaurer Sellerie (Seite 43)
- 4–6 EL milchsaure Einlegeflüssigkeit
- 200 g TK-Erbsen
- 1 rote Paprikaschote
- 1 Frühlingszwiebel
- 1 Bund Petersilie
- 4 EL Olivenöl
- Salz, Pfeffer

Zubereitungszeit: 30 Minuten

1 Das Fleisch in feine Streifen schneiden. Das Sauergemüse klein schneiden und mit der Einlegeflüssigkeit unter das Fleisch mischen.

2 Die Erbsen in wenig Wasser 5 Minuten dünsten.

3 Paprika waschen, halbieren, putzen und fein würfeln. Frühlingszwiebel waschen, putzen und in dünne Ringe schneiden. Die Petersilie waschen, trocknen und fein hacken.

4 Gemüse und Öl unter das Fleisch mischen. Den Salat mit Salz und Pfeffer würzen.

Pro Portion

1054/252 kJ/kcal • 16 g Eiweiß
13 g Fett • 12 g Kohlenhydrate
5 g Ballaststoffe

Tipp Der Rindfleischsalat schmeckt am besten, wenn er einige Stunden durchgezogen ist. Daher eignet er sich auch gut zum Mitnehmen.

Variante Dieser Salat schmeckt auch mit anderen Gemüsearten. Anstelle von Rindfleisch können Sie fein geschnittene Fleischwurst verwenden.

Ochsenmaul-Gemüse-Salat

Für 4 Portionen

- 400 g Ochsenmaulsalat
- 4 EL milchsaure Zwiebel-Lauch-Mischung (Seite 59)
- 4 EL milchsaurer Sellerie (Seite 41)
- 250 g Cocktailtomaten
- 4 EL milchsaure Einlegeflüssigkeit
- 4 EL kaltgepresstes Öl
- Salz, Pfeffer
- 50 g Kresse

Zubereitungszeit: 20 Minuten

1 Den Ochsenmaulsalat etwas klein schneiden und in eine Schüssel geben.

2 Das milchsaure Gemüse zerkleinern und zum Salat geben.

3 Die Tomaten waschen und halbieren. Mit der Einlegeflüssigkeit und dem Öl unter den Salat mischen. Salzen, pfeffern.

4 Die Kresse waschen, trocknen und vor dem Servieren unter den Salat heben.

Pro Portion

1296/310 kJ/kcal • 21 g Eiweiß
21 g Fett • 3 g Kohlenhydrate
2 g Ballaststoffe

Tipp Reichen Sie dazu am besten ein knuspriges Bauernbrot.

Blumenkohlsalat mit Schinken

1 Die Blumenkohlröschen in eine Schüssel geben.
2 Die Crème fraîche mit der Sauergemüse-Flüssigkeit verrühren und die Sauce unter den Blumenkohl mischen.
3 Die Tomaten waschen und halbieren, dabei den Stielansatz ausschneiden. Die Tomatenhälften zum Blumenkohl geben.
4 Den Schnittlauch waschen, trocknen und in Röllchen schneiden oder entsprechend die Petersilie waschen, trocknen und fein hacken.
5 Den Schinken in Streifen schneiden. Kräuter und Schinken unter den Salat heben und mit frisch gemahlenem Pfeffer pikant würzen.

Pro Portion
585/140 kJ/kcal • 5 g Eiweiß
11 g Fett • 3 g Kohlenhydrate
2 g Ballaststoffe

Für 4 Portionen

- 250 g milchsaurer Blumenkohl (ersatzweise Brokkoli; Seite 46)
- 125 g Crème fraîche
- 2–3 EL Sauergemüse-Flüssigkeit
- 250 g Cocktailtomaten
- 1 Bund Schnittlauch oder Petersilie
- 50 g Schinken, roh oder gekocht
- Pfeffer

Zubereitungszeit: 10 Minuten

Tipp Wer bei der Zubereitung der Speisen die fettarme Linie bevorzugt, ersetzt die Crème fraîche durch milden Joghurt und 1 Teelöffel kaltgepresstes Öl.

Wurstsalat mit Sauergemüse

1 Die Würstchen in feine Scheiben schneiden.
2 Die Zwiebel abziehen und in feine Würfel schneiden.
3 Das milchsaure Gemüse in eine Schüssel geben. Die Würstchenscheiben und die Zwiebelwürfel untermischen.
4 Das Öl salzen und pfeffern und über den Salat träufeln.
5 Kresse oder Petersilie waschen, trocknen, nach Bedarf fein hacken und unter den Salat mischen.

Pro Portion
1768/423 kJ/kcal • 15 g Eiweiß
36 g Fett • 3 g Kohlenhydrate
2 g Ballaststoffe

Für 4 Portionen

- 4 Wiener Würstchen
- 1 kleine Zwiebel
- 8 EL milchsaures Mischgemüse (Seite 53)
- 4 EL kaltgepresstes Öl
- Salz, Pfeffer
- 50 g Kresse oder 1 Bund Petersilie

Zubereitungszeit: 10 Minuten

Variante Dieser Salat schmeckt auch gut mit gekochtem Rindfleisch oder Ochsenmaulsalat anstelle der Würstchen.

Linsensalat mit milchsaurer Rohkost

Für 4 Portionen

- 2 Tassen kleine grüne Linsen
- 1 große Zwiebel
- 4 cm frische Ingwerwurzel
- 2 Lorbeerblätter
- 1 Paprikaschote, rot oder gelb
- 2 Frühlingszwiebeln
- 2 Tassen milchsaures Rohkostgemüse (z. B. Seite 54)
- 4 EL Olivenöl
- 1–2 TL Essig
- Salz

Zubereitungszeit: 40 Minuten

1 Die Linsen verlesen, unter fließendem Wasser waschen und mit 1 Liter kaltem Wasser aufsetzen. Zum Kochen bringen.

2 Die Zwiebel abziehen und würfeln, den Ingwer schälen und klein schneiden. Zwiebel, Ingwer und Lorbeerblätter zu den Linsen geben. Zugedeckt bei mittlerer Hitze 30 bis 40 Minuten kochen lassen.

3 Kurz vor Ende der Garzeit die Paprikaschote waschen, putzen und das Fruchtfleisch fein würfeln. Die Frühlingszwiebeln waschen, putzen und in Ringe schneiden. Beides mit dem Sauergemüse mischen.

4 Die Linsen etwas abkühlen lassen. Das Gemüse und das Öl darunter mischen. Mit Essig und Salz würzen.

Pro Portion
903/216 kJ/kcal • 8 g Eiweiß
10 g Fett • 20 g Kohlenhydrate
6 g Ballaststoffe

Tipp Den Essig dosieren Sie je nach Geschmack und Säure des Gemüses. Der Salat wird noch aromatischer durch die Zugabe von frischen Kräutern wie Petersilie, Dill oder Basilikum.

Möhrensalat mit Äpfeln

Für 4 Portionen

- 400 g milchsaure Möhren mit Ingwer (Seite 43)
- 2 EL Sauergemüse-Flüssigkeit
- 2 Äpfel
- 50 g Haselnüsse
- 100 g Crème fraîche
- 1–2 EL Öl
- Salz
- 1/2 Salatgurke
- Kresse und Rucola

Zubereitungszeit: 20 Minuten

1 Die Möhren zusammen mit der Einlegeflüssigkeit in eine Schüssel geben.

2 Die Äpfel waschen, dünn schälen, das Kerngehäuse entfernen und das Fruchtfleisch raspeln. Die Nüsse hacken. Äpfel, Nüsse, Crème fraîche, Öl und wenig Salz unter die Möhrenraspel geben.

3 Die Gurke waschen, in dünne Scheiben schneiden und diese jeweils rosettenförmig auf vier Teller legen. Den Möhrensalat jeweils in die Mitte setzen.

4 Kresse und Rucola waschen, und etwas zerkleinern. Den Salat damit garnieren.

Pro Portion
1082/259 kJ/kcal • 3 g Eiweiß
20 g Fett • 12 g Kohlenhydrate
4 g Ballaststoffe

Kohlrabi-Rettich-Salat

Für 4 Portionen

- 2 mittelgroße Kohlrabi
- 4 EL milchsaurer Rettich (Seite 55)
- 125 g Crème fraîche
- 2–3 EL Sauergemüse-Flüssigkeit
- Salz, Pfeffer
- 4 EL Sonnenblumen- oder Pinienkerne
- 1 Bund Schnittlauch

Zubereitungszeit: 20 Minuten

1 Den Kohlrabi waschen, putzen, schälen und in eine Schüssel raspeln.
2 Den milchsauren Rettich zum Kohlrabi geben.
3 Die Crème fraîche mit der Sauergemüse-Flüssigkeit verrühren, salzen und pfeffern. Die Sauce unter den Salat mischen.
4 Die Sonnenblumen- oder Pinienkerne in einer beschichteten Pfanne ohne Fettzugabe unter ständigem Rühren goldbraun rösten. Zur Seite stellen.
5 Den Schnittlauch waschen, trocknen und in feine Röllchen schneiden.
6 Schnittlauch und Sonnenblumen- oder Pinienkerne je zur Hälfte unter den Salat geben und die andere Hälfte als Garnierung darüber streuen.

Pro Portion
723/173 kJ/kcal • 5 g Eiweiß
13 g Fett • 7 g Kohlenhydrate
3 g Ballaststoffe

Selleriesalat mit Walnüssen

Für 4 Portionen

- 250 g milchsaurer Sellerie (Seite 41)
- 250 g Möhren
- 2 süße Äpfel
- 1 Becher Joghurt (150 g)
- 2 EL kaltgepresstes Öl
- 1–2 cm frische Ingwerwurzel
- Salz, Pfeffer
- 50 g Walnusskerne
- 50 g Kresse

Zubereitungszeit: 30 Minuten

1 Den milchsauren Sellerie in eine Schüssel geben.
2 Die Möhren waschen, dünn schälen und raspeln. Die Äpfel waschen, das Kerngehäuse entfernen und das Fruchtfleisch raspeln. Möhren- und Apfelraspel unter den Sellerie mischen.
3 Für die Sauce Joghurt und Öl miteinander verrühren. Den Ingwer dünn schälen, fein hacken und unterrühren. Die Sauce unter den Salat mischen. Salzen und pfeffern.
4 Die Nüsse grob hacken und unter den Salat mischen. Die Kresse waschen, trockentupfen und über den Salat streuen.

Pro Portion
727/174 kJ/kcal • 5 g Eiweiß
9 g Fett • 15 g Kohlenhydrate
6 g Ballaststoffe

Variante Dieser Salat eignet sich auch gut als Füllung für Schinken- und Käseröllchen oder ausgehöhlte Tomaten. Damit können Sie Salatblätter und kalte Platten garnieren.

Nudelsalat mit Gemüse

Für 4 Portionen

- 300 g Nudeln
- 150 g TK-Erbsen oder Zuckerschoten
- 1 Frühlingszwiebel
- 2 EL milchsaure Möhren (Seite 43)
- 2 EL milchsaure Champignons mit Zwiebeln (Seite 56)
- 2 EL milchsaure Gurken (Seite 48)
- 4 EL kaltgepresstes Sonnenblumenöl
- 1 Becher Joghurt (150 g)
- 2 TL Dijon-Senf
- Salz, Pfeffer
- 1 Bund glatte Petersilie

Zubereitungszeit: 60 Minuten

1 Die Nudeln kochen, abgießen und das Kochwasser auffangen. Mit kaltem Wasser abschrecken.

2 Die Erbsen in das heiße Nudelwasser geben und 4 Minuten ziehen lassen. Abgießen, dabei die Flüssigkeit auffangen.

3 Frühlingszwiebel waschen, putzen und fein schneiden. Sauergemüse zerkleinern und mit 2 bis 3 Esslöffeln Einlegeflüssigkeit und dem Öl vermischen.

4 Nudeln, Erbsen, Zwiebeln und Sauergemüse vermischen.

5 Den Joghurt mit dem Senf verrühren und unter den Salat mischen. Salzen und pfeffern.

6 Petersilie waschen, trocknen, fein hacken und zum Salat geben. Mindestens 30 Minuten ziehen lassen. Eventuell etwas Nudelwasser untermischen.

Pro Portion

1822/436 kJ/kcal • 13 g Eiweiß
13 g Fett • 59 g Kohlenhydrate
4 g Ballaststoffe

Welche Form von Nudeln Sie für diesen Salat auswählen, ist eine Frage der Optik. Penne oder Spiralen sind zum Beispiel sehr dekorativ.

Bunter Spargelsalat

1 Die Eier in 6 bis 7 Minuten hart kochen.

2 Den Spargel aus der Einlegeflüssigkeit nehmen, abtropfen lassen und in kleine Stücke schneiden. In eine Schüssel geben und mit dem Öl beträufeln.

3 Zum Blanchieren 1/8 Liter Wasser aufkochen und die Erbsen 4 bis 5 Minuten darin garen. Abseihen, abtropfen lassen und zum Spargel geben.

4 Die Tomaten waschen, halbieren und nach Belieben die Stielansätze entfernen. Die Tomaten unter die Spargel-Erbsen-Mischung heben.

5 Die Salatblätter waschen, trocknen und auf vier Teller legen. Die Kresse waschen und trockenschwenken. Eier pellen und in Scheiben schneiden.

6 Den Spargelsalat mit Salz und Pfeffer würzen und nach Bedarf mit etwas Essig abschmecken. Auf die Salatblätter legen, mit den Eierscheiben garnieren und die Kresse darüber streuen.

Pro Portion

1003/240 kJ/kcal • 11 g Eiweiß
17 g Fett • 6 g Kohlenhydrate
3 g Ballaststoffe

Tipp Milchsaurer Spargel ist ideal für Salate, da er durch die Gärung bereits durchgesäuert ist und einen erfrischenden Geschmack einbringt. Es lohnt sich also, ein paar Gläser davon im Vorratskeller zu haben. Wenn Sie Gelegenheit haben, frische Spargelspitzen zu kaufen, sollten Sie zugreifen, denn diese werden durch die milchsaure Vergärung noch zarter. Übrigens lässt sich grüner Spargel ebenso gut milchsauer vergären.

Info Grüner Spargel ist schon beim Anbau weniger arbeitsaufwändig, da er nicht wie der weiße Bleichspargel durch künstlich aufgeschüttete Erdwälle von der Sonne ferngehalten werden muss. Seine dünnen Stangen brauchen in der Küche, wenn überhaupt, nur im unteren Drittel geschält werden. Grüner Spargel ist vitaminreicher als weißer Spargel.

Für 4 Portionen

- 4 Eier
- 250 g milchsaurer Spargel (Seite 51)
- 4 EL kaltgepresstes Öl
- 125 g TK-Erbsen
- 250 g Cocktailtomaten
- 4 Salatblätter
- 1 Kistchen Kresse
- Salz, Pfeffer
- 1–2 TL milder Essig, nach Belieben

■ **Zubereitungszeit: 20 Minuten**

Handkäse mit Zwiebelgemüse

Für 4 Portionen

- 400 g Handkäse
- 4 EL milchsaurer Zwiebel-Lauch-Mix (Seite 59)
- 2 EL milchsaurer Staudensellerie (Seite 41 oder 61)
- 4 EL kaltgepresstes Öl
- 100 g Cocktailtomaten
- 1 Bund glatte Petersilie
- Salz, Pfeffer
- einige Salatblätter

Zubereitungszeit: 15 Minuten

1 Den Käse in mundgerechte Stücke schneiden und in eine Schüssel geben. Beide Sauergemüsesorten zugeben und mit dem Öl beträufeln.

2 Die Tomaten waschen, Stielansätze entfernen und das Fruchtfleisch halbieren. Die Petersilie waschen, trocknen und fein hacken

3 Die Tomatenhälften und die Petersilie zum Käse geben und alles grob miteinander vermengen. Salzen und pfeffern.

4 Die Salatblätter waschen, trocknen, auf vier Teller verteilen und den Salat darauf anrichten.

Pro Portion

1208/289 kJ/kcal • 15 g Eiweiß
21 g Fett • 6 g Kohlenhydrate
1 g Ballaststoffe

Info Als Handkäse bezeichnet man einen etwa handtellergroßen runden Käse, der aus Sauermilch hergestellt wird. Er enthält sehr wenig Fett und wird zuweilen mit Kümmel gewürzt. Für dieses Gericht können Sie auch würzigen Weichkäse, etwa einen Limburger oder einen Romadur, verwenden.

Schinkenröllchen mit Spargel

Für 4 Portionen

- 4 dünne Scheiben roher Schinken
- 4 TL Crème fraîche
- 8 Rucolablätter
- 12 milchsaure Spargelstücke (Seite 51)
- 4 Halme Schnittlauch, nach Bedarf

Zubereitungszeit: 10 Minuten

1 Die Schinkenscheiben auf einer Arbeitsplatte mit Crème fraîche bestreichen.

2 Die Rucolablätter waschen, trocknen und auf der Crème fraîche verteilen.

3 Die Spargelstücke quer auf die Schinkenscheiben legen und diese aufrollen. Mit einem Halm Schnittlauch zusammenbinden.

Pro Portion

388/93 kJ/kcal • 4 g Eiweiß
7 g Fett • 1 g Kohlenhydrate
0 g Ballaststoffe

Tipp Dies ist ein blitzschneller Snack, mit dem Sie Ihre Lieben überraschen können, oder auch, wenn unerwartet Gäste vor der Tür stehen und Sie schnell etwas zaubern möchten.

Sandwich mit pikantem Gemüse

Für 4 Portionen

- 4 Baguettebrötchen
- 2 EL Butter
- 2 TL Senf
- 4 Scheiben Schinken oder Käse
- 4 EL milchsaures Gemüse (z. B. Seite 62)
- 50 g Kresse oder andere Kräuter

Zubereitungszeit: 10 Minuten

1 Die Brötchen längs aufschneiden und mit der Butter und dem Senf bestreichen.
2 Die Schinken- oder Käsescheiben auf die vier unteren Brötchenhälften legen.
3 Das milchsaure Gemüse gut abtropfen lassen und auf den belegten Brothälften verteilen.
4 Die Kresse waschen, trocknen und aufstreuen. Die oberen Brötchenhälften auflegen.

Pro Portion
1061/254 kJ/kcal • 10 g Eiweiß
10 g Fett • 28 g Kohlenhydrate
1 g Ballaststoffe

Variante Zusätzlich oder alternativ zu dem Schinken und dem Käse passen gekochte Eier, Lachsscheiben oder gebratene Fleischstücke auf die Sandwichbrötchen. Statt Käsescheiben können Sie einen würzigen Streichkäse verwenden.

Tipp Ein praktisches Rezept für unterwegs oder zum Mitnehmen für die Mittagspause. Es sättigt gut und liefert gleichzeitig eine große Portion Vitamine.

Toast mit Spargel

Für 4 Portionen

- 4 Scheiben Toast- oder Mischbrot
- 20 g Butter
- 4 Scheiben roher oder gekochter Schinken
- 12–16 milchsaure Spargelstücke (Seite 51)
- 4 Stängel glatte Petersilie
- 4 Scheiben Emmentaler

Zubereitungszeit: 10 Minuten

1 Die Brotscheiben toasten. Die Scheiben mit der Butter bestreichen und mit dem Schinken belegen. Die Spargelstücke auf die Schinkenscheiben legen.
2 Die Petersilie waschen, trocknen und die Blätter von den Stielen zupfen. Die Hälfte der Petersilienblätter auf die Toasts legen.
3 Den Grill vorheizen. Je 1 Scheibe Käse auf einen Toast legen. Die belegten Toastscheiben 5 Minuten unter dem Grill überbacken.
4 Die restliche Petersilie auf die Toasts legen und sofort servieren.

Pro Portion
1028/259 kJ/kcal • 15 g Eiweiß
16 g Fett • 11 g Kohlenhydrate
1 g Ballaststoffe

Bunter Salat mit Paprikastreifen

Für 4 Portionen

- 1 Kopf Blattsalat
- 4 EL milchsaure Paprika (Seite 42)
- 4 EL Maiskörner
- 1/4 Salatgurke
- 4 Frühlingszwiebeln
- 1 Bund Schnittlauch oder Petersilie
- 1 Becher Joghurt (150 g)
- 2 EL Öl, 2 TL Senf
- 1 EL Ketchup oder 1 TL Tomatenmark
- Salz, Pfeffer

Zubereitungszeit: 20 Minuten

1 Den Salat waschen und trocknen. Die Blätter in mundgerechte Stücke zerteilen und in eine Schüssel geben. Die Paprikastreifen und die Maiskörner untermischen.

2 Die Gurke waschen, nach Belieben schälen und das Fruchtfleisch klein schneiden. Unter den Salat mischen.

3 Für die Sauce die Frühlingszwiebeln waschen, putzen und in feine Ringe schneiden. Den Schnittlauch waschen, trocknen und in feine Röllchen schneiden beziehungsweise die Petersilie waschen, trocknen und hacken.

4 Die Zwiebelringe und die Kräuter mit Joghurt, Öl, Senf, Ketchup oder Tomatenmark verrühren und mit wenig Salz und Pfeffer würzen. Die Sauce über die Salatzutaten geben und alles gut durchmischen.

Pro Portion
493/118 kJ/kcal • 3 g Eiweiß
7 g Fett • 9 g Kohlenhydrate
2 g Ballaststoffe

Variante Den Salat kann man mit Räucherfischstücken und in Scheiben geschnittenem hart gekochtem Ei verfeinern.

Salat mit dicken Bohnen

Für 4 Portionen

- 2 Knoblauchzehen
- 4 Salbeiblätter
- 500 g Bohnenkerne aus der Dose
- 4 EL Olivenöl
- 1 EL Balsamico-Essig
- 6 EL milchsaure Paprika (Seite 42)
- 2 EL milchsaure Zwiebeln (Seite 45)
- 4 EL schwarze Oliven
- 100 g Thunfisch aus der Dose
- 1 Bund Rucola oder Petersilie
- 2 EL Sauergemüse-Flüssigkeit
- Salz, Pfeffer

Zubereitungszeit: 20 Minuten

1 Den Knoblauch abziehen und fein hacken. Die Salbeiblätter waschen und in Streifen schneiden. Bohnen abtropfen lassen.

2 Öl erhitzen und Knoblauch und Salbei darin 2 bis 3 Minuten anbraten. Die Bohnen zufügen und etwa 5 Minuten mitdünsten. Mit Essig ablöschen. In eine Schüssel umfüllen.

3 Das milchsaure Gemüse fein schneiden. Die Oliven, wenn nötig, entsteinen, grob hacken. Rucola oder Petersilie waschen, trocknen und fein hacken.

4 Alle Zutaten unter die Bohnen mischen und den Salat mit Salz und Pfeffer würzen.

Pro Portion
1032/247 kJ/kcal • 6 g Eiweiß
21 g Fett • 4 g Kohlenhydrate
3 g Ballaststoffe

Gefüllte Tomaten

Für 4 Portionen

- 4 Fleischtomaten
- 4 EL milchsaurer Sellerie (Seite 41) oder Fenchel
- 2 EL Hüttenkäse
- 1 Kästchen Kresse
- Salz, Pfeffer

Zubereitungszeit: 20 Minuten

1 Die Tomaten waschen und die Stielansätze mit einem Schnitt so entfernen, dass eine ausreichend große Öffnung im Fruchtfleisch entsteht. Die Tomaten mit einem kleinen Löffel aushöhlen, dabei darauf achten, dass die Schale nicht verletzt wird. Das Tomatenfruchtfleisch klein würfeln und in eine Schüssel geben.

2 Das milchsaure Gemüse fein hacken und mit dem Hüttenkäse vermischen.

3 Das Tomatenfruchtfleisch unter das Gemüse mischen.

4 Die Kresse waschen, trockentupfen und grob hacken. Bis auf einen kleinen Rest unter die Gemüsemischung rühren. Die Füllung mit Salz und Pfeffer pikant würzen.

5 Die Gemüsemischung löffelweise in die Tomaten verteilen und mit der restlichen Kresse garnieren.

Pro Portion

200/48 kJ/kcal • 3 g Eiweiß
1 g Fett • 6 g Kohlenhydrate
4 g Ballaststoffe

Reissalat mit Gemüse und Pilzen

Für 4 Portionen

- 4 Tassen gekochter kalter Reis
- 2 EL milchsaure Zwiebeln (Seite 45)
- 4 EL milchsaure Paprika (Seite 42)
- 4 EL milchsaure Champignons (Seite 56)
- 1 EL Einlegeflüssigkeit
- 4 EL kaltgepresstes Öl
- 1 Bund Petersilie oder Schnittlauch
- Salz, Pfeffer
- Currypulver

Zubereitungszeit: 10 Minuten

1 Den Reis in einer Schüssel mit einer Gabel auflockern.

2 Milchsaure Zwiebeln und Paprikaschoten fein schneiden. Mit den Champignons, der Einlegeflüssigkeit und dem Öl unter den Reis mischen.

3 Kräuter waschen und trocknen, Petersilie hacken oder Schnittlauch in Röllchen schneiden und unterheben. Mit Salz, Pfeffer und Curry würzen.

Pro Portion

1187/284 kJ/kcal • 4 g Eiweiß
10 g Fett • 40 g Kohlenhydrate
1 g Ballaststoffe

Tipp 2 Tassen gekochter Reis entspricht 1 Tasse rohem Reis. Sie können den Reis am Vortag kochen, denn er soll abgekühlt sein, bevor er unter den Salat kommt. Statt Paprika können Sie auch milchsauer vergorene Zucchini verwenden.

Pilze-Gemüse-Salat

Für 4 Portionen

- 400 g frische Champignons oder Austernpilze
- 4 Knoblauchzehen
- 4 Frühlingszwiebeln
- 4 EL Öl
- 4 Tassen milchsaures Mischgemüse (Seite 53)
- Salz, Pfeffer
- 50 g Kresse oder 1 Bund frische Kräuter

Zubereitungszeit: 20 Minuten

1 Die Pilze putzen und in 5 Millimeter breite Scheiben schneiden.

2 Den Knoblauch abziehen und fein würfeln. Die Frühlingszwiebeln waschen, putzen und in 1 Zentimeter breite Ringe schneiden.

3 Das Öl in einer Pfanne erhitzen und die Pilze, den Knoblauch und die Zwiebeln darin unter Rühren 5 bis 6 Minuten anbraten.

4 Das milchsaure Gemüse in eine Schüssel geben und die Pilzmischung unterheben. Mit Salz und Pfeffer würzen.

5 Die Kresse oder die Kräuter waschen, trocknen, nach Bedarf fein hacken und untermischen.

Pro Portion

589/141 kJ/kcal • 4 g Eiweiß
10 g Fett • 6 g Kohlenhydrate
4 g Ballaststoffe

Lauwarmer Gemüsesalat mit Oliven

Für 4 Portionen

- 250 g Auberginen
- Salz
- 250 g Zucchini
- 8 EL Olivenöl
- 2 EL milchsaure Zwiebeln (Seite 45)
- 2–3 EL milchsaurer Staudensellerie (Seite 41)
- 1 EL Kapern
- 1 Bund Basilikum
- 250 g Cocktailtomaten
- 50 g Oliven
- Salz, Pfeffer
- 1 Prise Zucker
- 2 EL Pinienkerne

Zubereitungszeit: 40 Minuten

1 Die Auberginen waschen, den Stielansatz entfernen und das Fruchtfleisch in 1 Zentimeter große Würfel schneiden. Salzen und etwa 30 Minuten stehen lassen, damit sie Wasser ziehen können. Die Zucchini waschen, putzen und ebenso würfeln.

2 Die Hälfte vom Öl erhitzen und das Gemüse 4 bis 5 Minuten unter Rühren anbraten.

3 Die milchsauren Gemüse nach Bedarf fein schneiden und mit dem restlichen Öl und den Kapern vermischen. Das Basilikum waschen, trocknen und etwas klein schneiden.

4 Die Tomaten waschen, Stielansätze entfernen und das Fruchtfleisch halbieren. Die Oliven wenn nötig entsteinen. Alles miteinander vermengen und den Salat mit Salz, Pfeffer und Zucker würzen.

5 Die Pinienkerne in einer Pfanne trocken unter Rühren in etwa 3 Minuten goldbraun rösten. Den Salat damit garnieren.

Pro Portion

1141/273 kJ/kcal • 3 g Eiweiß
23 g Fett • 8 g Kohlenhydrate
8 g Ballaststoffe

Warme Gerichte mit Gemüse

Mit Sauergemüse lässt es sich hervorragend warm kochen. Die Speisen bekommen dadurch eine dezent säuerliche Note.

Linsencurry

1 Zwiebel und Knoblauch mit dem Ingwer in Fett anbraten. Reis darin unter Rühren glasig werden lassen. 1/2 Liter kaltes Wasser angießen. Den Reis 10 bis 15 Minuten kochen.

2 Linsen und Gemüse unterrühren. Mit Salz, Zucker, Brühe, Curry und Pfeffer würzen.

3 Butter erhitzen und die Nüsse darin rösten. Kresse abspülen. Über das Gericht geben.

Pro Portion
1785/427 kJ/kcal • 15 g Eiweiß
14 g Fett • 54 g Kohlenhydrate
9 g Ballaststoffe

Für 4 Portionen

- 1 Zwiebel, in Ringe geschnitten
- 2 Knoblauchzehen, gehackt
- 4 cm frische Ingwerwurzel, gewürfelt
- 40 g Butterschmalz oder Öl
- 100 g Reis
- 200 g kleine geschälte Linsen, grün oder rot, gegart
- 4 EL milchsaure Möhren (Seite 43)
- 4 EL milchsaurer Chinakohl oder Sellerie (Seite 39, 41)
- Salz
- 1–2 TL Zucker
- 2 TL Instant-Gemüse- oder -Fleischbrühe
- 1–2 EL Currypaste oder -pulver
- bunter Pfeffer
- 10 g Butter
- 2 EL Cashewkerne, ersatzweise Mandeln
- 50 g Kresse

■ **Zubereitungszeit: 45 Minuten**

*Durch die milchsauren Zwiebeln und Staudensellerie erhält der **lauwarme Gemüsesalat mit Oliven** seine köstliche Frische.*

Schnippelbohnen mit Speck

Für 4 Portionen

- 500 g milchsaure Bohnen (Seite 50)
- 1 Bund Bohnenkraut
- 100 g durchwachsener Speck
- 1 große Zwiebel
- 1 EL Öl oder Butter
- 1 EL Mehl
- 1 Tasse Gemüsebrühe
- Salz, Pfeffer
- 1 Bund Petersilie

Zubereitungszeit: 30 Minuten

1 Die Bohnen abtropfen lassen. Das Bohnenkraut waschen, trocknen und die Blätter von den Stielen streifen. Den Speck klein schneiden. Die Zwiebel abziehen und würfeln.
2 Das Fett erhitzen und den Speck darin ausbraten. Zwiebeln kurz mitdünsten. Das Mehl einstreuen und unter Rühren leicht anschwitzen.
3 Die Bohnen und das Bohnenkraut dazugeben, die Brühe unterrühren und alles 5 bis 10 Minuten bei schwacher Hitze dünsten lassen, dabei gelegentlich umrühren. Salzen, pfeffern.
4 Die Petersilie waschen, trocknen, fein hacken und auf das Gemüse geben.

Pro Portion
618/148 kJ/kcal • 10 g Eiweiß
6 g Fett • 11 g Kohlenhydrate
6 g Ballaststoffe

Tipp Wann immer Sie milchsaures Gemüse aus der Lake nehmen, um es weiterzuverarbeiten, bleibt Einlege-Flüssigkeit übrig. Sie können diese Lake pur, nach Belieben verdünnt, trinken oder als Basis für Salatsaucen verwenden.

Süßsaures Gurkengemüse

Für 4 Portionen

- 2 EL Speisestärke
- 4–6 TL Zucker
- 2 TL Instant-Gemüsebrühe
- 5–6 EL milchsaure Einlegeflüssigkeit
- Salz
- weißer Pfeffer
- 500–600 g milchsaure Gurken (Seite 48)
- 1 Bund Dill
- 30 g Butter

Zubereitungszeit: 20 Minuten

1 1 Liter Wasser mit Speisestärke, Zucker, Brühe, Einlegeflüssigkeit, Salz und Pfeffer verrühren, aufkochen und 3 bis 4 Minuten kochen.
2 Die Gurken in Stücke schneiden, zufügen und bei mittlerer Hitze 5 Minuten ziehen lassen.
3 Den Dill waschen, trocknen und die Blättchen fein schneiden. Dill und Butter unter die Gurkenstücke mischen. Das Gemüse mit Salz, Pfeffer und Zucker abschmecken.

Pro Portion
568/136 kJ/kcal • 1 g Eiweiß
6 g Fett • 18 g Kohlenhydrate
1 g Ballaststoffe

Tipp Dazu passen Pellkartoffeln oder Reis.

Rotkohlgemüse mit Äpfeln

Für 4 Portionen

- 1 große Zwiebel
- 2 EL Schweine- oder Butterschmalz
- 500 g milchsaurer Rotkohl (Seite 38)
- 4 EL beliebige Marmelade oder Gelee
- 2 Nelken
- 1 Prise Zimt
- Pfeffer
- 2 süße Äpfel
- Salz

Zubereitungszeit:

1 Die Zwiebel abziehen und fein würfeln. Das Schmalz erhitzen und die Zwiebelwürfel darin goldbraun braten.

2 Den Rotkohl dazugeben und etwa 1/2 Liter Wasser aufgießen. Marmelade oder Gelee, Nelken, Zimt und Pfeffer einrühren.

3 Die Äpfel waschen, nach Belieben schälen, das Kerngehäuse entfernen und das Fruchtfleisch fein würfeln. Die Apfelstücke zu dem Gemüse geben. Das Rotkohlgemüse bei schwacher Hitze etwa 30 Minuten garen. Salzen und pfeffern.

Pro Portion
735/176 kJ/kcal • 2 g Eiweiß
8 g Fett • 22 g Kohlenhydrate
5 g Ballaststoffe

Tipp Diese beliebte Beilage gelingt mit milchsaurem Rotkohl besser als mit frischem. Dazu können Sie Frikadellen oder Schmorbraten servieren.

Ananaskraut

Für 4 Portionen

- 3 Schalotten
- 40 g Butter
- 500 g Sauerkraut, rot oder weiß (Seite 36, 38)
- 250 g Ananas
- 1/8 l Sekt
- Salz, Pfeffer

Zubereitungszeit: 15 Minuten

1 Die Schalotten abziehen und würfeln. Die Butter erhitzen und die Schalotten darin glasig dünsten.

2 Das Sauerkraut etwas zerkleinern und dazugeben.

3 Das Ananasfruchtfleisch fein schneiden. Mit dem Sekt unter das Gemüse mischen.

4 Das Kraut noch 5 Minuten bei schwacher Hitze ziehen lassen. Salzen und pfeffern.

Pro Portion
740/177 kJ/kcal • 2 g Eiweiß
8 g Fett • 15 g Kohlenhydrate
2 g Ballaststoffe

Tipp Die Kochzeit des Sauerkrauts ist bewusst kurz gehalten, um möglichst viele Wirkstoffe zu erhalten. Sollte Ihr Kraut jedoch etwas hart sein, können Sie es auch länger kochen lassen. Am besten schmeckt das Gericht mit frischer Ananas. Eine reife Frucht erkennt man an den leicht zu lösenden inneren Blättern.

Kraut-Kartoffelpfanne mit Äpfeln

Für 4 Portionen

- 500 g vorwiegend fest kochende Kartoffeln
- 4 EL Butterschmalz
- 2 Zwiebeln
- 8 EL Sauerkraut (Seite 36)
- 2 süße Äpfel
- Salz, Pfeffer
- 1 Bund Petersilie

Zubereitungszeit: 30 Minuten

1 Die Kartoffeln waschen, schälen und fein würfeln. Die Hälfte vom Schmalz in einer beschichteten Pfanne erhitzen und die Kartoffeln darin zugedeckt bei mittlerer Hitze braten.

2 Die Zwiebeln abziehen, halbieren, in Scheiben schneiden. In einer zweiten Pfanne das restliche Butterschmalz erhitzen und die Zwiebeln darin goldbraun dünsten.

3 Das Sauerkraut zu den Zwiebeln geben und 5 bis 10 Minuten bei schwacher Hitze erwärmen.

4 Die Äpfel vierteln und das Fruchtfleisch in schmale Schnitze schneiden. Auf das Kraut setzen und etwa 5 Minuten zugedeckt bei schwacher Hitze garen.

5 Den Inhalt beider Pfannen miteinander vermischen und mit Pfeffer und Salz würzen.

6 Die Petersilie waschen, trocknen, hacken und über das Gericht streuen.

Pro Portion
1279/306 kJ/kcal • 4 g Eiweiß
15 g Fett • 33 g Kohlenhydrate
7 g Ballaststoffe

Lauwarmer Kartoffelsalat

Für 4 Portionen

- 1 kg fest kochende Kartoffeln
- 1 Zwiebel
- 2 EL Butterschmalz
- 4–6 EL milchsaure eingelegte Rote Bete mit Meerrettich (Seite 56)
- 2 EL Öl
- Salz, Pfeffer
- 50 g Kresse

Zubereitungszeit: 30 Minuten

1 Kartoffeln waschen, schälen und in 1 Zentimeter große Würfel schneiden. Zwiebel abziehen und fein würfeln.

2 Schmalz erhitzen und die Kartoffeln darin anbraten. Zugedeckt bei mittlerer Hitze goldbraun braten, bis sie weich sind.

3 Die Zwiebeln zufügen und für weitere 5 Minuten unter Rühren mitbraten. Die Mischung von der Kochstelle nehmen und etwas abkühlen lassen.

4 Die Rote Bete etwas klein schneiden und mit dem Öl unter den Kartoffelsalat mischen. Mit Salz und Pfeffer würzen.

5 Die Kresse waschen, trocknen und vor dem Servieren über den Salat streuen.

Pro Portion
1526/365 kJ/kcal • 6 g Eiweiß
15 g Fett • 45 g Kohlenhydrate
7 g Ballaststoffe

Kartoffeleintopf mit Sauerkraut

Für 4 Portionen

- 1 Zwiebel
- 20 g Butterschmalz
- 150 g kleine Linsen, grün oder rot
- 500 g vorwiegend fest kochende Kartoffeln
- 250 g Sauerkraut, rot oder weiß (Seite 36, 38)
- 3–4 EL Sauergemüse-Flüssigkeit
- Salz, Pfeffer
- 2 EL Pinien- oder Sonnenblumenkerne

Zubereitungszeit: 40 Minuten

1 Die Zwiebel abziehen, halbieren und in feine Scheiben schneiden. Das Butterschmalz erhitzen und die Zwiebeln darin goldbraun braten.

2 Die Linsen verlesen, kalt abspülen und zu den Zwiebeln geben. 1 Liter Wasser zugießen, aufkochen und alles zugedeckt bei schwacher Hitze etwa 10 Minuten kochen.

3 Die Kartoffeln waschen, schälen und in mittelgroße Würfel schneiden. Zu den Linsen geben und weitere 15 bis 20 Minuten garen.

4 Das Sauerkraut grob hacken und mit der Flüssigkeit zu den Linsen und Kartoffeln geben. Einige Minuten ziehen lassen, salzen und pfeffern.

5 Die Pinien- oder Sonnenblumenkerne in einer trockenen Pfanne goldbraun rösten und vor dem Servieren über den Eintopf streuen.

Pro Portion
1354/324 kJ/kcal • 14 g Eiweiß
8 g Fett • 43 g Kohlenhydrate
9 g Ballaststoffe

Kartoffelsalat mit Pilzen

Für 4 Portionen

- 1 kg fest kochende Kartoffeln
- 1 Würfel Gemüsebrühe
- 4 EL milchsaure Champignons mit Frühlingszwiebeln (Seite 56)
- 2 milchsaure Gurken (Seite 48)
- 4 EL kaltgepresstes Sonnenblumenöl
- Pfeffer, Salz
- 1 Bund Schnittlauch oder Rucola

Zubereitungszeit: 40 Minuten

1 Die Kartoffeln waschen und in wenig Wasser oder im Dampf weich kochen. Abkühlen lassen und pellen.

2 Inzwischen in einer Salatschüssel die Gemüsebrühe mit 2 bis 3 Esslöffeln heißem Wasser verrühren. Das milchsaure Gemüse etwas zerkleinern und mit 1 bis 2 Esslöffeln Einlegeflüssigkeit dazugeben. Öl unterrühren, salzen und pfeffern.

3 Die Kartoffeln in feine Scheiben schneiden und mit der Gemüsemischung in der Schüssel vermengen.

4 Schnittlauch oder Rucola waschen, trocknen, fein schneiden und untermischen. Den Salat mindestens 30 Minuten ziehen lassen. Bei Bedarf noch etwas Einlegeflüssigkeit unterrühren.

Pro Portion
1275/305 kJ/kcal • 5 g Eiweiß
10 g Fett • 43 g Kohlenhydrate
6 g Ballaststoffe

Pellkartoffeln mit Quarkcreme

Für 4 Portionen

- 800 g vorwiegend fest kochende Kartoffeln
- 250 g Quark
- 4 EL Crème fraîche oder Sahne
- 3–4 EL milchsaure Paprika oder Rote Bete (Seite 40, 42)
- 1 EL Kapern oder 1 saure Gurke
- 1 Bund Schnittlauch oder Petersilie
- Salz, Pfeffer

Zubereitungszeit: 30 Minuten

1 Die Kartoffeln waschen und mit der Schale in wenig Wasser je nach Größe in 20 bis 30 Minuten garen.

2 Inzwischen den Quark in eine Schüssel geben und mit Crème fraîche oder Sahne verrühren.

3 Das Sauergemüse und die Kapern beziehungsweise die Gurke fein hacken. Den Schnittlauch waschen, trocknen und in Röllchen schneiden beziehungsweise die Petersilie waschen, trocknen und fein hacken. Alle Würzzutaten unter den Quark rühren. Mit Salz und Pfeffer würzen.

4 Die Kartoffeln abgießen, pellen und mit der Quarkcreme servieren.

Pro Portion
1413/338 kJ/kcal • 10 g Eiweiß
13 g Fett • 38 g Kohlenhydrate
5 g Ballaststoffe

Tipp Das traditionelle Gericht Pellkartoffeln mit Quark erfährt durch das Sauergemüse eine interessante Verfeinerung. Probieren Sie einfach verschiedene Geschmacksrichtungen aus, um Ihre ganz persönliche zu finden.

Sauerkraut-Quarkcreme

Für 4 Portionen

- 250 g Quark
- 2 EL Crème fraîche oder Joghurt
- 2 EL Sauerkraut, rot oder weiß (Seite 36, 38)
- 2 Stängel Petersilie
- 1 Prise Kümmel
- Salz, Pfeffer

Zubereitungszeit: 10 Minuten

1 Den Quark in eine Schüssel geben und mit Crème fraîche oder Joghurt verrühren.

2 Das Sauerkraut fein hacken und unter den Quark geben.

3 Die Petersilie waschen, trocknen und hacken. Petersilie und Kümmel in den Quark rühren und mit Salz und Pfeffer würzen.

Pro Portion
547/131 kJ/kcal • 5 g Eiweiß
10 g Fett • 2 g Kohlenhydrate
0 g Ballaststoffe

Tipp Quark mit milchsaurem Sauerkraut – wahlweise rot oder weiß – passt gut zu Vollkornbrot oder als Beilage zu Salaten und Rohkost.

Kartoffel-Sauerkraut-Plätzchen

1 Die Kartoffeln pellen und mittelgrob raspeln.
2 Das Sauerkraut ausdrücken, dabei den Saft nach Bedarf auffangen und aufbewahren. Das Kraut fein hacken.
3 Den Schnittlauch waschen, trocknen und in Röllchen schneiden oder die Petersilie waschen, trocknen und hacken.
4 Kraut und Kräuter zu den Kartoffeln geben. Das Mehl darüber stäuben, salzen und pfeffern und alles zu einer formbaren Masse verkneten.
5 Die Eier mit der Crème fraîche verrühren und unter die Kartoffel-Kraut-Masse mischen.
6 In einer beschichteten Pfanne das Fett erhitzen. Aus der Kartoffelmasse kleine flache Plätzchen formen und diese portionsweise in dem Fett auf beiden Seiten goldbraun braten.

Pro Portion
1680/402 kJ/kcal • 11 g Eiweiß
15 g Fett • 49 g Kohlenhydrate
7 g Ballaststoffe

Für 4 Portionen

- 1 kg gekochte Kartoffeln
- 250 g Sauerkraut (Seite 36)
- 1 Bund Schnittlauch oder Petersilie
- 2 EL Mehl
- Salz, Pfeffer
- 2 Eier
- 100 g Crème fraîche
- Butterschmalz oder Öl zum Braten

■ **Zubereitungszeit: 35 Minuten**

Tipp Zu diesen herzhaften Bratlingen passt ein Joghurtdip (siehe unten) und bunter Salat.

Info Gekochte Kartoffeln enthalten reichlich resistente Stärke (lösliche Ballaststoffe), die unverdaut in den Dickdarm gelangt. Diese Stärke fördert die Vermehrung der Milchsäurebakterien im Körper. Damit ist dieses Rezept eine ideale Kombination von Milchsäurebakterien und Ballaststoffen.

Joghurt-Gemüse-Dip

1 Den Joghurt glatt rühren und das Gemüse fein hacken.
2 Die Kräuter waschen, trocknen, klein schneiden und mit dem Gemüse unter den Joghurt ziehen. Salzen und pfeffern.

Pro Portion
405/97 kJ/kcal
5 g Eiweiß • 5 g Fett
7 g Kohlenhydrate
1 g Ballaststoffe

Für 4 Portionen

- 500 g Joghurt
- 4 EL beliebiges milchsaures Gemüse
- 1 Bund Schnittlauch, Dill, Petersilie oder Rucola
- Salz, Pfeffer

■ **Zubereitungszeit: 5 Minuten**

Rezepte mit Fisch

Stellvertretend für viele andere Rezepte sind hier einige Beispiele aufgeführt, wie milchsauer vergorenes Gemüse Kreationen mit Fisch bereichern kann. Testen Sie selbst neue aus.

Rote-Bete-Suppe mit Garnelen

Für 4 Portionen

- 1 Zwiebel
- 40 g Butter
- 2 EL Mehl
- 200 g milchsaure Rote Bete (Seite 40)
- 1/4 l Sauergemüse-Flüssigkeit
- 100 g Porree
- 1 Bund glatte Petersilie
- 200 g Sahne
- 2 TL Instant-Gemüsebrühe
- 1–2 TL Zucker
- 8–12 mittelgroße TK-Garnelen
- 1 Knoblauchzehe
- 1 Stück frischer Meerrettich (etwa 5 cm)

Zubereitungszeit: 40 Minuten

1 Die Zwiebel abziehen und in Würfel schneiden. Die Hälfte der Butter erhitzen und die Zwiebelwürfel goldbraun braten. Das Mehl überstäuben und unter Rühren 2 bis 3 Minuten anrösten. 1/2 Liter Wasser einrühren. Die Rote Bete mit der Flüssigkeit dazugeben und alles 10 bis 15 Minuten zugedeckt kochen lassen.

2 In der Zwischenzeit den Porree waschen, putzen und in sehr feine Streifen schneiden. Die Petersilie waschen, trocknen und hacken.

3 Die Suppe mit einem Mixstab fein pürieren. Den Porree und die Sahne einrühren. Die Suppe mit Gemüsebrühe und Zucker würzen und etwa 5 Minuten bei schwacher Hitze ziehen lassen.

4 Inzwischen die Garnelen wenn nötig aus der Schale brechen und den Darm entfernen. Den Knoblauch abziehen und fein hacken.

5 Die restliche Butter erhitzen und den Knoblauch darin 1 bis 2 Minuten anbraten. Die Garnelen dazugeben und 3 bis 4 Minuten darin schwenken. Die Petersilie einrühren, salzen.

6 Die Suppe in vier Teller geben und je eine Portion Garnelen mit etwas Kräuterbutter in die Mitte setzen. Den Meerrettich schälen und großzügig über die Suppe raspeln.

Pro Portion

1580/378 kJ/kcal • 18 g Eiweiß
25 g Fett • 15 g Kohlenhydrate
4 g Ballaststoffe

Tipp Eine raffinierte Suppe für ein festliches Menü, die aber auch ohne Garnelen eine feine Sache ist. Servieren Sie dazu frisches Weißbrot.

Fischfilet mit Gemüse-Pfeffersauce

1 Fischfilets unter fließendem kaltem Wasser abspülen. Mit 1 bis 2 Esslöffeln Einlegeflüssigkeit beträufeln und salzen.

2 Die Frühlingszwiebeln putzen, waschen und in dünne Ringe schneiden. Das Sauergemüse fein hacken.

3 Den Fisch in der Butter von jeder Seite 3 bis 4 Minuten braten. Warm halten.

4 Das Sauergemüse mit der restlichen Einlegeflüssigkeit, Pfefferkörnern und Frühlingszwiebelringen in die Pfanne rühren und kurz kochen lassen. Die Crème fraîche einrühren. Die Sauce mit Salz und Zucker würzen und nach Belieben cremig einkochen lassen.

5 Die Filets in die Sauce legen und sofort servieren.

Pro Portion

1467/351 kJ/kcal • 46 g Eiweiß
14 g Fett • 3 g Kohlenhydrate
0 g Ballaststoffe

Für 4 Portionen

- 4 Fischfilets, z. B. Goldbarsch oder Zander
- 5–6 EL milchsaure Einlegeflüssigkeit
- Salz
- 2 Frühlingszwiebeln
- 2–3 EL milchsaurer Fenchel mit Möhren, Sellerie oder Wirsing (Seite 41, 44, 55)
- 2 EL Butter
- 2–3 TL Pfefferkörner, rot oder grün
- 100 g Crème fraîche
- Salz
- 1 Prise Zucker

■ **Zubereitungszeit: 25 Minuten**

Die leichte Säure von Fenchel, Sellerie oder Wirsing harmoniert ideal mit dem zarten Aroma des Fischs.

Rezepte mit Fleisch

Der säuerliche Geschmack von eingelegtem Gemüse harmoniert gut mit Fleisch aller Art. Von Ungarn bis nach Asien werden viele Rezepte süßsauer zubereitet.

Putenfleisch süßsauer

Für 4 Portionen

- 400 g Putenfleisch oder Schweinefilet
- 2 EL Sojasauce
- 250 g Zucchini
- 2 Frühlingszwiebeln
- 250 g Ananas
- 200 g milchsaure Paprika (Seite 42)
- 2 Zwiebeln
- 2 Knoblauchzehen
- 2 cm Ingwerwurzel
- 2 EL Öl
- 1 EL Butterschmalz

Sauce:

- 1/4 l Sauergemüse-Flüssigkeit
- 20 g (4 TL) Zucker
- Salz, Pfeffer
- 1 EL Speisestärke

Zubereitungszeit: 30 Minuten

1 Fleisch würfeln und mit der Hälfte der Sojasauce beträufeln.

2 Die Zucchini und die Frühlingszwiebeln waschen und putzen. Die Zucchini in 5 Millimeter dicke Scheiben, die Frühlingszwiebeln in Ringe schneiden. Das Ananasfruchtfleisch würfeln. Die milchsauren Paprikastücke klein schneiden.

3 Die Zwiebeln und den Knoblauch abziehen, den Ingwer schälen und alles fein würfeln.

4 Das Öl erhitzen und die Zwiebeln, den Knoblauch und den Ingwer darin einige Minuten bei schwacher Hitze dünsten. Zucchini, Paprika, Frühlingszwiebeln und Ananaswürfel zufügen und kurz dünsten.

5 Für die Sauce 1/4 Liter Wasser, Sauergemüse-Flüssigkeit, die restliche Sojasauce, Zucker, Salz, Pfeffer und Speisestärke miteinander verrühren. Die Sauce zu dem Gemüse gießen und alles bei mittlerer Hitze etwa 5 Minuten kochen lassen.

6 In einer zweiten Pfanne das Butterschmalz erhitzen und das Fleisch unter Rühren anbraten. Das Fleisch in die Gemüsesauce geben und mit Sojasauce abschmecken.

Pro Portion
1476/353 kJ/kcal • 24 g Eiweiß
15 g Fett • 24 g Kohlenhydrate
5 g Ballaststoffe

Tipp Dazu passt am besten ein betörend duftender Reis, wie es ihn in gut sortierten Lebensmittelmärkten gibt. Der aus Asien stammende Duftreis erobert seit einigen Jahren den europäischen Markt. Zu uns kommt vor allem die Sorte Basmati.

Variante Statt Pute Schweinefilet oder Fischfilet verwenden.

Rinderrouladen mit Krautfüllung

1 Fleisch flach klopfen. Mit Senf bestreichen und mit Salz und Pfeffer würzen.
2 Die Zwiebeln abziehen und hacken. Den Speck würfeln. Beides mit dem Kraut mischen.
3 Das Kraut auf den Rouladen verteilen. Aufrollen und mit Rouladennadeln oder Zahnstochern an den Längs- und Querseiten verschließen.
4 Das Fett in einem Bratentopf erhitzen und die Rouladen darin von allen Seiten anbraten.
5 Mit 1 Liter Wasser ablöschen und den Bratensatz vom Topfboden lösen. Den Deckel auflegen und die Rouladen bei schwacher Hitze etwa 60 bis 90 Minuten schmoren lassen.
6 Die Speisestärke mit wenig Wasser verrühren und unter Rühren angießen. Die Sauce aufkochen, wenn nötig noch etwas einkochen lassen und mit Salz und Pfeffer würzen.

Pro Portion
1246/298 kJ/kcal • 29 g Eiweiß
12 g Fett • 13 g Kohlenhydrate
5 g Ballaststoffe

Für 4 Portionen

- 4 Scheiben Rinderrouladen (je 100 g)
- 4 TL Dijon-Senf
- Salz, Pfeffer
- 4 Zwiebeln
- 4 Scheiben durchwachsener Speck
- 8 EL Sauerkraut, rot oder weiß (Seite 36, 38)
- 2 TL Butterschmalz oder Öl
- 2 TL Speisestärke

■ **Zubereitungszeit: 2 Stunden, davon 1½ Stunden Schmorzeit**

Szegediner Gulasch

1 Fett erhitzen und das Fleisch darin 4 bis 5 Minuten anbraten.
2 Zwiebeln und Knoblauch abziehen, fein hacken, zum Fleisch geben und mitbraten.
3 Wacholderbeeren leicht andrücken und dazugeben. Wein zugießen, Bratensatz lösen und das Gulasch bei schwacher Hitze etwa 40 Minuten schmoren.
4 Das Fruchtfleisch der Äpfel würfeln. Mit dem Kraut zum Fleisch geben und weitere 5 bis 10 Minuten schmoren.
5 Das Gulasch mit Salz und Pfeffer würzen. Bei Bedarf etwas Wasser oder Apfelwein nachgießen.
6 Die Petersilie waschen, trocknen, fein schneiden und kurz vor dem Servieren in das Gulasch rühren.

Pro Portion
1932/462 kJ/kcal • 26 g Eiweiß
26 g Fett • 16 g Kohlenhydrate
6 g Ballaststoffe

Für 4 Portionen

- 4 EL Öl oder Schmalz
- 500 g Gulasch von Rind und Schwein
- 2 große Zwiebeln
- 2 Knoblauchzehen
- 8 Wacholderbeeren
- 1/4 l Apfelwein
- 2 Äpfel
- 350 g Sauerkraut (Seite 36)
- Salz, Pfeffer
- 1 Bund Petersilie

■ **Zubereitungszeit: 60 Minuten**

Für 4 Portionen

- 250 g Geflügelbrustfleisch
- 1 EL Sojasauce
- 1 EL chinesischer Reiswein oder Sherry medium
- 2 TL Speisestärke
- Salz, Pfeffer
- 100 g Champignons oder Austernpilze
- 300 g Möhren
- 1 Bund Frühlingszwiebeln
- 2 Knoblauchzehen
- 2–3 cm Ingwerwurzel
- 4 EL Olivenöl
- 2 Tassen milchsaure Sprossen (Seite 47)
- 1 Prise Zucker
- Sojasauce nach Geschmack
- 2 EL Kürbis- oder Cashewkerne

■ **Zubereitungszeit: 40 Minuten**

Chinapfanne mit Sojasprossen

1 Das Fleisch in feine Streifen schneiden. Sojasauce und Reiswein oder Sherry mit der Speisestärke verrühren, salzen und pfeffern. Das Fleisch einlegen und kurz marinieren.

2 Inzwischen die Pilze kurz säubern und in Scheiben schneiden. Die Möhren waschen, schälen und in feine Streifen (Julienne) schneiden. Die Frühlingszwiebeln waschen, putzen und in Ringe schneiden. Den Knoblauch abziehen, den Ingwer schälen und beides fein hacken.

3 Etwa 3 Esslöffel Öl erhitzen und Knoblauch und Ingwer darin kurz anbraten. Zuerst die Möhren, dann Pilze und Fleisch und zum Schluss die Frühlingszwiebeln zugeben und jeweils 2 bis 3 Minuten unter Rühren mitbraten. Erst dann die Sojasprossen mit 2 bis 3 Esslöffeln Einlegeflüssigkeit unterrühren. Alles leicht erneut kochen lassen und dabei die Sauce mit Salz, Pfeffer und Zucker würzen. Nach Geschmack mit Sojasauce abschmecken.

4 Das restliche Öl in einer Pfanne erhitzen und die Kürbis- oder Cashewkerne darin unter Rühren rösten. Über das Gericht streuen.

Pro Portion
1116/267 kJ/kcal • 19 g Eiweiß
13 g Fett • 14 g Kohlenhydrate
4 g Ballaststoffe

Tipp Servieren Sie dazu einen aromatischen Reis, etwa Basmatireis. Dafür den Reis waschen, in einen Topf geben und so viel Wasser einfüllen, dass es etwa 1 Zentimeter über dem Reis steht. Das Wasser aufkochen lassen und den Reis auf der ausgeschalteten Kochstelle zugedeckt in 10 Minuten ausquellen lassen.

Variante Sie können diese fernöstliche Gemüsepfanne auch mit Brokkoli, Erbsen oder grünem Spargel bereichern. Der Einfachheit halber sollten Sie das Gericht im Wok zubereiten, da hat man genug Platz zum Rühren. Oder Sie verwenden eine große Pfanne mit hohem Rand.

Über die Autorin

Johanna Handschmann arbeitete lange Jahre als Lehrerin für Hauswirtschaft und als Fachschulrätin. Heute ist sie freie Autorin und Ernährungscoach. Sie gilt als Expertin für individuelle Ernährungssituationen und ist in den vergangenen Jahren vor allem als Fachautorin zu den Themen Abnehmen mit Genuss, Kreative Gemüseküche, Vegetarische Ernährung, Vollwertkost und Trennkost bekannt geworden. Ihre Küche steht für unkomplizierte, einfache, aber genussvolle Gerichte.

Impressum

ISBN 978-3-8094-3634-8

8. Auflage 2022

Umschlaggestaltung: Atelier Versen, Bad Aibling
Herstellung: Elke Cramer
Umschlagfotos: Stockfood/Wolfgang Schardt
Bildredaktion: Sabine Kestler
Fotografie: Dirk Albrecht
Mit Ausnahme von: fotolia: 36 (kab-vision); istockphoto: 6 (Lehner), 7 (C. Gissemann), 18 (Bernhard Richter); Shutterstock: 1 (nada54), 12 (Björn Wylzich), 14 (Tetra Images), 23 (Jiri Hera); Stockfood, München: U1 (Wolfgang Schardt), 37 (G&U/Daan Matthis); Südwest Verlag Archiv: 51 (Wolfgang Feiler)
Projektleitung: Anja Halveland

Satz: Nadine Thiel, kreativsatz
Druck und Verarbeitung: PBtisk, a.s., Pribram
Printed in the Czech Republic

Penguin Random House Verlagsgruppe FSC® N001967

Sachregister

Rezepteregister